U0035985

BuddhAll

BuddhAll.

All is Buddha.

BuddhAll

佛教的精靈鬼怪

除了我們生存的這個空間，
這個世界還有那些生命存在？
真的有神、鬼與地獄嗎？
佛法中對鬼神、地獄有什麼樣的描寫？
什麼是十八層地獄？
地獄真的是閻羅王所管轄的嗎？
本書深入探討佛教中種種鬼靈精怪的世界，
邀請您進入無比驚異的奇幻之旅！

目錄

第四章 恐怖極限——地獄……141

第五章 善惡交戰——天神與魔王……197

第六章 奇幻魅影——天龍八部……239

出版緣起

佛法的深妙智慧，是人類生命中最閃亮的明燈，不只在我們困頓、苦難時，能撫慰我們的傷痛；更在我們幽暗、徘徊不決時，導引我們走向幸福、光明與喜樂。

佛法不只帶給我們心靈中最深層的安定穩實，更增長我們無盡的智慧，來覺悟生命的實相，達到究竟圓滿的正覺解脫。而在緊張忙碌、壓力漸大的現代世界中，讓我們的心靈，更加地寬柔、敦厚而有力，讓我們具有著無比溫柔的悲憫。

在進入二十一世紀的前夕，我們需要讓身心具有更雄渾廣大的力量，來接受未來的衝擊，並體受更多彩的人生。而面對如此快速遷化而多元無常的世間，我們也必須擁有十倍速乃至百倍速的決斷力及智慧，才能洞察實相。

同時在人際關係與界面的虛擬化與電子化過程當中，我們也必須擁有更廣大的心靈空間，來使我們的生命不被物質化、虛擬化、電子化。因此，在大步邁向新世紀之時，如何讓自己的心靈具有強大的覺性、自在寬坦，並擁有更深廣的慈悲能力，將是人類重要的課題。

生命是如此珍貴而難得，由於我們的存在，所以能夠具足喜樂、幸福，因自覺解脫而能離苦得樂，更能如同佛陀一般，擁有無上的智慧與慈悲。這菩提種子的苗芽，是生命走向圓滿的原力，在邁入二十一世紀時，我們必須更加的充實。

因此，如何增長大眾無上菩提的原力，是〈全佛〉出版佛書的根本思惟。所以，我們一直擘畫最切合大眾及時代因緣的出版品，期盼讓所有人得到真正的菩提利益，以完成〈全佛〉（一切眾生圓滿成佛）的究竟心願。

《佛教小百科》就是在這樣的心願中，所規劃提出的一套叢書，我們希望透過這一套書，能讓大眾正確的理解佛法、歡喜佛法、修行佛法、圓滿佛法，讓所有的人透過正確的觀察體悟，使生命更加的光明幸福，並圓滿無上的菩提。

因此，《佛教小百科》是想要完成介紹佛法全貌的拼圖，透過系統性的分門別類，把一般人最有興趣、最重要的佛法課題，完整的編纂出來。我們希望讓《佛教小百科》成為人手一冊的隨身參考書，正確而完整的描繪出佛法智慧的全相，並提煉出無上菩提的願景。

佛法的名相眾多，而意義又深微奧密。因此，佛法雖然擁有無盡的智慧寶藏，對人生深具啓發與妙用，但許多人往往困於佛教的名相與博大的系統，而難以受用其中的珍寶。

其實，所有對佛教有興趣的人，都時常碰到上述的這些問題，而我們在學佛的過程中，也不例外。因此，我們希望《佛教小百科》，不僅能幫助大眾了解佛法的名詞及要義，並且能夠隨讀隨用。

《佛教小百科》這一系列的書籍，期望能讓大眾輕鬆自在並有系統的掌握佛教的知識及要義。透過《佛教小百科》，我們如同掌握到進入佛法門徑鑰匙，得以一窺佛法廣大的深奧。

《佛教小百科》系列將導引大家，去了解佛菩薩的世界，探索佛菩薩的外相、內義，佛教曼荼羅的奧祕，佛菩薩的真言、手印、持物，佛教的法具、宇宙觀……等等，這一切與佛教相關的命題，都是我們依次編纂的主題。透過每一個主題，我們將宛如打開一個個窗口一般，可以探索佛教的真相及妙義。

而這些重要、有趣的主題，將依次清楚、正確的編纂而出，讓大家能輕鬆的了解其意義。

在佛菩薩的智慧導引下，全佛編輯部將全心全力的編纂這一套《佛教小百科》系列叢書，讓這套叢書能成為大家身邊最有效的佛教實用參考手冊，幫助大家深入佛法的深層智慧，歡喜活用生命的寶藏。

佛教的精靈鬼怪——序

除了我們所看見的了知的世界之外，這個世界上還有那些神秘的生命？它們和人類有什麼相似和相異之處？與人間有什麼交涉？人在其中又扮演著何種角色？

在佛法的世界裏，除了我們所看見的世界之外，還有無窮無盡的世界，以及各式各樣的生命，無比豐富。本書所要介紹的，是這無量世界中，和人類交涉較為密切的地域、生命型態及事物。

一般人對於神秘不可解的現象，往往將其歸之為「鬼神」，但是對「鬼神」大多僅止於一個含混的概念，而且有著極深的禁忌與神秘。其實，無論是「神」或是「鬼」，還是介於二者之間的神秘生命，在佛經中都有豐富的記載。

佛法面對生命的態度是客觀平等的，如實地描寫芸芸眾生的生命型態、居住之處、苦惱與歡樂，以及往昔造下何種業因而投生於彼。佛陀很如實地告訴我們，這個世界還有許許多多的生命，他們生活的樣態，而人類正是中流砥柱，擁有造作各種行業的環境與能力，所以在人間命終之後，隨著不同的業力投生到六道中的種種生命。

如果是生前多行善佈施者，則生於天界，成為受樂的天人。如果是以驕慢之心行善，則投生於修羅道，雖然享受天福，心中卻無法滿足，經常和天神征戰。若是恪守五戒，遵循人法者，則生於人道。如果是常行慳吝、嫉妒、惡口等較輕的惡業，則易生於餓鬼道，也就是一般所説的鬼，恆常受著飢渴之苦。如果是愚痴業重，則易入於畜生道，如果是惡業重大者，則入於地獄受極大苦。佛陀如實地告訴我們這種種事實，讓我們自己決定成為那一種生命。

在本書中一共分為六個單元：

第一章　不可思議的無窮世界：在這個單元中，首先介紹佛教的宇宙觀、生命觀，除了人類居住的地球外，及我們所看見的世界之外，其他我們無法看到，但實際上卻有著交會的地域及生命——有人類居住的四大洲及天神、修羅、餓鬼、畜生、地獄等其他五道。

第二章　鬼影幢幢——鬼的世界：本章詳細介紹鬼道的生活型態，包括鬼的種類、居住的地方，鬼的壽命、貧富、苦樂，以及變成鬼的原因。鬼道的眾生受苦居多，經典中記載，佛陀本人及許多聖弟子都曾遇到過鬼，並予以濟度。而有些擾亂人的鬼，有時還會被機靈的人反將一軍。有的鬼和人一樣，也有修行向上的心，同樣可以成證聖果。

第三章　腥風血雨——夜叉與羅叉：夜叉與羅叉有時也被列於鬼類，或可說是較兇惡的鬼，以血肉為食，長相可怖，會吃人。相傳地獄中刑囚犯人的獄卒，也有很多是夜叉、羅叉一類的惡鬼。本章介紹傳說中的羅剎國、羅剎吃人的傳說，另外也有發願守護眾生、護持佛法的善良夜叉。

第四章　恐怖極限——地獄：地獄是生命中痛苦恐怖的極致，本章除了介紹地獄的地點、各大地獄刑罰的內容之外，對主掌地獄的閻摩王、刑囚罪人的牛頭馬面，以及地藏菩薩與地獄的關係，都有深入的解說。

第五章　善惡交戰——天神與魔王：本章介紹天神與魔王的世界，有以行善福德而投生的欲界天，也有以高深禪定力而投生的色界天與無色界天。而魔王波旬則是居住於欲界中他化自在天的天王。他並不反對人行善，因為行善還是世間福德，不會脫出三界輪迴。他就怕人修行解脫，不再受到魔王的控制，所以他最喜歡干擾人修行。佛陀成道之前的降魔，就是降伏波旬及其魔軍。

第六章　奇幻魅影——天龍八部：除了鬼眾之外，佛經中還記載著各種奇特的生物，介於鬼神之間，統稱為「天龍八部」，即是指天神、龍、夜叉，及以香為食、善於彈琴的天神樂師乾闥婆，站在海中手能觸摸日月的阿修羅，展開雙翅達百萬里的巨鳥迦樓羅；長著獨角的歌神緊那羅，以及巨大的蟒神摩睺羅伽。

佛教中的精靈鬼怪，讓我們看到許許多多不同的生命型態，不再覆蓋著神秘的面紗，不再禁談避諱，在佛法的生命觀中，他們和人類一樣平等。

讓我們開啟更廣闊的生命視野，進入佛法豐富奇幻的大千世界！

第一章 不可思議的無窮世界

在人類所肉眼所看到的世界之外，這個宇宙中是否有其他生命存在？在佛法中，是怎樣描繪鬼神精靈？它們在宇宙生命中有著什麼樣的地位？與人間的有著何等的交涉？

在進入精靈鬼怪的世界之前，首先我們綜觀佛教宇宙的全貌。

佛教對世界的觀察如何呢？佛法對「世界」的定義很有趣，在梵語中，「世界」（梵loka-dhatu）音譯爲「路迦馱睹」，意思是「可毀壞的處所」，也就是從生成到毀壞，不斷變化的處所，也就是許多生命居住所依止之處，如山川國土等。

那麼，什麼叫做「一個世界」呢？在《大樓炭經》、《長阿含》、《起世經》等經典中的說法，一個日月系統所照耀的地區為一個世界；而一千個世界又構成一個「小千世界」。一個世界，以須彌山為中心，在立體結構上，上自天堂，下至地獄，乃至大地深層底下的虛空。在平面的結構上，其間包括四大洲，像人間有歐洲、亞洲一樣。在這個世界有一個太陽、一個月亮，欲界六天及色界梵世天等為一小世界。一千個小世界，稱為一個「小千世界」。

一千個小千世界再形成一個「中千世界」；一千個中千世界構成一個「大千世界」。這也就是我們常聽說的「三千大千世界」，意思是：由「三個千」（小千、中千、大千）所形成的一個大千世界。這也是一位佛陀所教化的區域。佛教的宇宙觀中，認為這個宇宙有無數個大千世界。在《俱舍論》卷十一中說：「四大洲日月，蘇迷盧欲天，梵世各一千，名一小千界，此小千千倍，說名一中千，此千倍大千，皆同一成壞。」

這樣的世界結構，是受到印度文化的影響，佛法將之融授並加以昇華所形成的說法。在佛法的世界觀中，世界是以須彌山為中心，有太陽、月亮形成一個系統。

1個太陽系×1000＝1個小千世界

1個小千世界×1000＝1個中千世界

1個中千世界×1000＝1個大千世界（三千大千世界）

1個大千世界×10億個太陽系＝1個佛世界

佛教的世界結構——三千大千世界

爲什麼以太陽和月亮爲主體呢?因爲日月和我們的生活息息相關,但並非每一個世界的系統都是如此。以深海的生物而言,因爲它們看不到日光、月光,所以它們甚至不需要眼睛。因此,這種以太陽和月亮爲系統的世界觀,對它們而言就沒有意義了。

而像阿彌陀佛的國土極樂世界,那裏的土地都是平坦的黃金大地,沒有高山丘陵等,沒有須彌山,自然也不可能以須彌山爲中心。因此,經典中所說三千大千世界,是以人類文化的發展、世間的因緣所建構這個宇宙觀。其他的世界不必然如此,但也有和我們這個世界系統相似的世間。

三千大千世界,就像我們所看到的銀河系,這個銀河系中,經典中認爲約有十億個恆星系統,相當於一個太陽系。十億個太陽系即一個佛世界。這樣的區域,大約是一位佛陀出現教化的範圍。

地球之外的人類世界

在無數廣大的世界中，人類所生活的領域又是如何呢？

地球只是其中一者。在佛經中記載，除了地球有人類居住之外，還有其他三大洲也住著「人類」。

如果從空間上來觀察人類居住的領域，這個世界以須彌山爲中心，有四大洲分別位於須彌山四方，這就是人類所居住的地區。

這四大洲又稱爲四天下，分別是：東方弗婆提洲，南方閻浮提洲，西方瞿耶尼洲，北方鬱單越洲，又稱爲東勝身洲、南贍部洲、西牛貨洲、北俱盧洲。我們所居住的地球，就是四大洲中的南贍部洲。

四大洲的洲側各附屬有兩個中洲，共八個中洲，與四大洲相同，都有人類居住。雖然四大洲都是人類居住的範圍，但根據經典中的記載，四大洲所居住的人類，無論在身形相貌及風土人情上，都與地球有著極大的差異。

⊙東方弗婆提洲

東方為弗婆提洲，又稱為「東勝身洲」。為什麼有這個名稱呢？《慧琳音義》卷四十一東勝身洲條下則說：「於四洲中，此洲人身形殊勝，故名身勝洲也。」就我們所處的閻浮提世界而言，此洲位於我們東方，加上此地的人類身形高大，而且相貌莊嚴殊勝，因此稱為「東勝身洲」。

關於東勝身洲的地形，《長阿含經》卷十八〈閻浮提洲品〉中說：「須彌山東有天下，名弗于逮，其土正圓，縱廣九千由旬，人面亦圓，像彼地形。」《立世阿毗曇論》卷二〈四天下品〉也說：「地形團圓，猶如滿月，多有諸山，唯有一江。」由此可知其地形為正圓形，如同滿月一般。其中多高山，只有一江。而此地的人民臉形也像地形一樣，呈圓形。

而此地的風土人情，《立世阿毗曇論》則說：「是山中間，安置諸國，人民富樂，無有賊盜，悉多賢善，充滿其國。」東勝身洲的人民居住在山谷間，民生富足，治安良好，不但沒有盜賊，而且國內多有賢善之人。

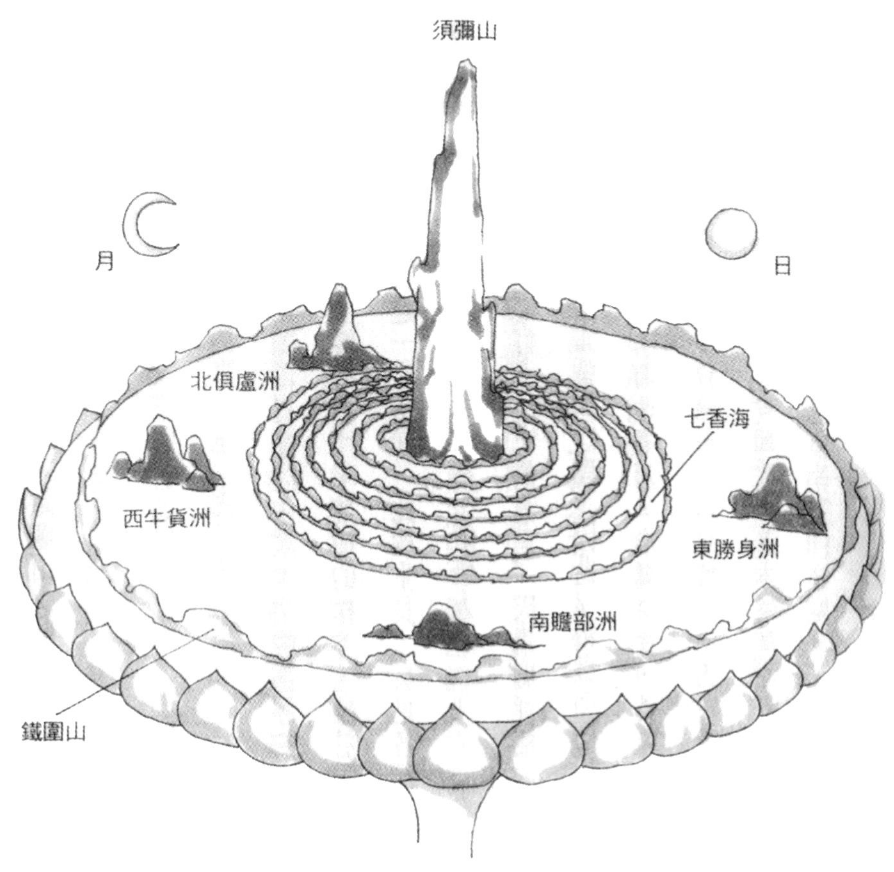

佛教的宇宙觀——須彌洲與四大洲

此外，此洲也是庫藏豐富之地，而且人民奉行佛法。經中說此地：「一切諸山，並是金寶，耕梨鏵斧及諸器物，並是眞金，其一江者，名曰薩闍，其江浦岸，並皆可愛，淨命賓頭盧於彼岸側，起僧伽藍。」佛陀曾命弟子賓頭盧尊者，在東勝身洲的薩闍江側建佛寺，教化此地人民。

賓頭盧尊者原來是跋蹉國拘舍彌城優陀延王宰相之子，自幼歸依佛教，隨從佛陀出家學道，得具足果。後來遊行教化，回到故鄉拘舍彌城。優陀延王對其十分敬仰，曾參訪其住處，聽受說法，懺悔罪過。

在佛陀成道後之第六年，與弟子大衆在王舍城教化的期間，發生了一件事，賓頭盧尊者因而受到佛陀的懲誡。王舍城有一位樹提伽長者，將一個價値連城的旃檀懸在極高的竹竿上，並宣佈要將送給能以神通取得者。

當時賓頭盧尊者先是慫恿神通第一的目犍連尊者去取，但是目犍連尊者認爲爲此事示現神通並不恰當，因此拒絕了。於是賓頭盧尊者就以神通飛身空中取得此鉢，贏得滿堂彩。

但是此事卻遭佛呵責爲非法，斥責其妄用神通，所以責罰其不得住於閻浮提，也就是我們居住的地球，而命其前往西牛貨洲弘化。後來佛陀雖然許其回來，但是罰他不得入涅槃，必須永住於南天摩梨山，以化度佛滅後之眾生。因此，賓頭盧尊者又稱爲「住世阿羅漢」。

後世印度之大乘寺院多以文殊爲上座，而小乘寺院則以賓頭盧尊者爲上座。在《高僧傳》卷五〈道安傳〉記載，中國東晉的道安法師曾因註釋經典之事向尊者祈願，如果所註經典合於法理，請尊者示現瑞象證明。後來夢中見到一位白眉長毛的印度僧人告訴他：「你所注的經典合於法理。我不得入於涅槃，常住於西域，會幫助你弘通佛法，你可設食供養。」於是道安即爲其立座設食供養，爲中國佛教史上信仰賓頭盧之第一人。

⊙南方閻浮提洲

南閻浮提洲，又稱爲南贍部洲，也就是我們所居住的地球。經典中記載著：「須彌山王南面有洲，名閻浮提，其地縱廣七千由旬，北闊南狹，如婆羅門車；其中人面還似地形。」此洲位於須彌山的南方，地形北廣南狹，而此地的人臉形也是如此，呈倒三角形。

爲什麼叫做「閻浮提」呢？《立世阿毗曇論》卷一〈南閻浮提品〉中說，相傳南贍部洲的中心，有一株廣大無的閻浮提樹，因此這個洲又稱爲「閻浮提洲」。《起世經》中也說：「須彌山王南面有洲，名閻浮提，（中略）此閻浮洲有一大樹，名曰閻浮，其本縱廣亦七由旬，乃至枝葉垂覆五十由旬。」

此樹的株本，位於閻浮提洲正中央，如果從樹株中央，取東西角，寬達一千由旬。「由旬」是計算里程的單位，一由旬是指公牛掛軛行走一日這麼長的距離。

這棵神奇的巨樹，長得非常茂密，而且長年不凋謝，在其樹蔭下，一切風雨都不能侵入。閻浮提樹所開的花朵，就像人們取來做爲花鬘或別在耳際的花朵一樣美麗。此樹的枝葉上如華蓋，次第相覆，高達百由旬，而且樹身高直，沒有凹凸不不平的瘤節。它在樹身高五十由旬之處，才有枝條，樹身直徑達五由旬，樹圍達十五由旬。而它的每一枝幹，橫出五十由旬。

它的果子成熟的時候，甘美無比，就像細好的蜂蜜一樣甜美。其果實大如甕，果核就像一般世間閻浮提樹的果核。

由於閻浮提樹的枝葉茂密，當春雨時節，樹下不會漏濕，夏天不熱，冬天的風寒也不會進入，因此常有天上的樂神乾闥婆及夜叉神，依於樹下而住。

此外，此閻浮提樹的根部在水中，為妙好的閻浮檀金砂所覆蓋，因此「南贍部洲」又有「勝金洲」、「好金土」的意思。

⊙西牛貨洲

西牛貨洲，又稱瞿耶尼洲。經典中記載著：「諸比丘，須彌山王西面有洲，名瞿陀尼，其地縱廣八千由旬，形如半月；彼洲人面還似地形。」此洲於須彌山西方，縱橫八千由旬。由於此地多產牛隻，並以牛交易買賣，所以又稱為「西牛貨洲」。

關於西牛貨洲的地形，經論中所記載的不盡相同，有的說如半月形，有的說如圓月形。

瞿耶尼洲的人類，身高和我們差不多，但平均壽命則比較長，有說為二百歲或二百五十歲，也有認為是五百歲，也有男女婚嫁的制度。

此地和地球的環境比起來，地球的牛、羊及寶石珠玉等三方面不如西牛貨洲豐富，但是地球人記憶力、行動力都比較強，也勤於修行，勝過其他三洲。

⊙北俱盧洲

北俱盧洲又稱爲北方鬱單越洲。經典中記載著：「須彌山王北面有洲，名鬱單越，其地縱廣，十千由旬，四方正等；彼洲人面還似地形。」此地可說是人們心中最嚮往的理想國度。

此洲位於須彌山北方，自然環境極爲優美。根據《大樓炭經》中記載，此洲周匝廣長各四十萬里，區中有種種山，景色萬千。

在河的兩岸，種有種種樹，河水徐行，河面上漂著落花繽紛。河上有船，都是以金銀、琉璃、水精所打造，畫著妙好的彩繪。

洲的中央有浴池，面積達四千里，浴池中的水清涼柔軟，清澈無比。池裏還開著青、黃、白、赤等種種顏色的蓮華，並發出種種光明照耀。蓮華的芳香濃郁，連四十里之外都聞得到。當蓮根採擷下來時，會從莖中流出一種像牛奶一樣的汁液，味甜如蜜。

浴池東南西北各有遊玩的林園，其中以種種寶物交織而成種種欄楯。園林中有種種香樹，供應衣服蓋被的樹，提供飾品的瓔珞樹，供應水果、器具的寶樹。要取用時，只須將樹的華朵或果實切開，就會從其中發出種種香味，出現種種衣被、瓔珞、器具、音樂等，就像聚寶盆一般。

此國人民也不需要辛勤耕種，自然有潔淨的粳米生長。要吃飯的時候，則取粳米來煮。煮的方式也很特別，只須在鍋釜下放置一種叫「焰珠」的東西，它就會自己發光，飯也熟了。

此國的人民長相都差不多，身高大約一丈四尺，不論男女都留著長髮，髮色呈美麗的紺青色。這裏的人大小便時，完畢之後地面會自然裂開，將便溺等污穢沒入地中，所以此洲非常清潔，不需要廁所、化糞池等處所。

此國沒有盜賊惡人，人民不必教導就自然奉行十善業。這裏的男女關係並沒有專屬的關係，任何人只要彼此有意，就可以進入園林中，一起享樂。

此地的人如果死了，就將死者置之四通八達的大馬路上，自然有名叫「鬱遮」

四大洲風土人情比較

洲別	名稱由來	地理環境	人民特色
東勝身洲	此地人身形高大，殊勝莊嚴。	地形正圓形，境內多高山，僅有一江，庫藏豐富。	臉呈圓形，人民富足安樂，沒有盜賊，國內多賢善之人，人民篤信佛教。
南閻浮提洲	因此洲中心巨大的閻浮提樹而得名。即我們所居住的地球。	地形北廣南狹。	臉呈倒三角形，上寬下狹。人民的記憶、行動力強，勤於修行，而且有佛生於此地。
西牛貨洲	此地多產牛隻，並以牛隻貿易買賣而得名。	地形如半月形，牛羊等牲口及寶石礦藏勝於地球。	臉呈半月形，身高和地球人差不多，壽命約200-500歲不等，有男女婚嫁制度。
北俱盧洲	俱盧爲種族名	地形爲正方形，風景幽美，宛如世外桃源。飲食衣等生活所需，都從樹中自然長出，宛如天堂，爲四大洲中自然環境及生活受用最佳之處。	臉呈正方形，男女皆畜長髮，壽命達千歲，人民奉行十善業，國內無盜賊惡人。但因人壽長且環境極佳，難以生起修行之心，生於此地爲佛經中所稱的「八難」之一。

的大鳥來將遺體運往此洲之外。

北俱盧洲的記載，早在印度《梵書》時代就已經有此洲的傳說。後來，在《羅摩衍那》、《摩訶婆羅多》等書中也常可見此洲的傳述，此地幾乎可說是印度人憧憬嚮往的理想國。

然而，這個幾乎等同天堂的國度，在佛法中卻將投生於此處，列爲不能聽聞佛法的「八難」之一，因爲此地人民壽命長達千歲，而且沒有中途夭折的，因此難以體會生命無常，貪著享樂而不受教化，所以難以出生賢聖悟道之人。

我們這個世界的生命型態——神秘的六道輪迴

在一個世界裏有哪些生命，它們又是如何分佈的呢？

從佛法的觀點看來，宇宙中充滿了各式各樣的無盡生命。這無盡的生命，在宇宙中交互的影響、共生，開創出無邊幻化的法界衆相。依佛法的觀點看來，所有的生命都是平等無二的，在本質上並沒有高低的差別。不過，由於因緣果報的關係，所以在現前的生命型態，卻有種種的不同。這些不同的生命樣態，顯示了各類生命苦樂悲喜的差別果報。

佛法中將這個世界的生命，大致分成六類，也就是所謂的「六道」：地獄、餓鬼、畜生、阿修羅、人間、天界等六道。

1.地獄道：造下極重貪、瞋、痴業行者，在地獄受極苦的境界。就像是常做惡事的人，夢中就會常常像在鬼獄之中，非常可怕，這就是地獄。

2.餓鬼道：餓鬼道的衆生，恆常受著饑渴之苦，當它們想要吃東西時，一張開嘴巴，口中即噴出火燄，任何東西入口都變成火炭，無法吞食；其喉嚨細如針，肚

六道輪迴

子大如缸、如瓶，想吃卻吃不到，這是因爲過去貪心所至。佛教在農曆七月十五的盂蘭盆節放焰口，就是要除去餓鬼們口中的火，使他們能夠吃到東西，得以飽足，因此用甘露來灑淨他們的焰口。

在下一章中，我們將更深入探討鬼的世界。

3.畜牲道：畜牲是因愚痴而受報，它們主動修行成證解脫的機會很小，這是一個互相吞食的世界，不斷地輪迴受報。動物即是屬於此道。

畜牲道又稱作傍生、橫生、畜牲道、傍生趣，是指鳥、獸、蟲、魚等一切動物。稱之爲「畜生」，主要是指由人類畜養之意，主要指家畜家禽。而稱其爲「傍生」，是因爲其形體不如人之直立。

畜生道的衆生，多是弱肉強食，受種種苦，而且常被天人、人類做爲食物，或是驅使拖磨等工作，不得自由。

4.修羅道：修羅是有天的福報但是不具天德的衆生，生性好鬥、好瞋，經常與天戰爭。

5.人道：這是指我們人間，多是由受持五種戒行而得，人間苦樂相雜，常有不如意事，但至少能自作樂，仍是屬於善界，尤其珍貴的是，在人間是最適合修持的。

6.天道：天道中，有以修習種善行的福德力而往生天界的生命，也有是以修習禪定而往生天界的，這是屬於色界天、無色界天，能得到天的福報、天的勝樂身。

就佛法的觀點而言，天人證樂、修羅證瞋，而地獄、餓鬼、畜牲，則苦報熾盛，唯有人間能修持，所以人是六道衆生中的中流砥柱，是造業的主體。因此，要上升天界或下墮三惡道，都是在人間造作，其他各界則是受報的主體，被強烈的業力所牽引，主體的造作力量薄弱。

一般人嚮往投生天上快樂享福，卻不知天人也因受樂熾盛，而經常忘記要修行，生命反而不能昇華增長，天福一旦享盡，落入惡道求助無門。

◉十法界

除了上述輪迴的六道之外，如果再加上四類聖者之流，就稱爲「十法界」，其中有四類是聖者之流，六類爲輪迴的凡夫，也就是所謂的「四聖六凡」。四聖是指：佛法界、菩薩法界、緣覺法界、聲聞法界，是覺悟解脫的生命。

佛法界，是指一切自覺覺他、覺行圓滿的十方諸佛，他們圓滿了無上的正覺，並具足一切慈悲智慧，圓滿度化眾生的六度萬行。佛法界含攝了十方一切諸佛。在人間成道的釋迦牟尼佛，常見的阿彌陀佛、藥師佛，都是屬於佛法界。

菩薩法界，「菩薩」是覺有情，學習慈悲智慧的圓滿，成就一切自利利他二行。十方一切的菩薩都是屬於菩薩法界。菩薩中有初發心的菩薩，也有已經悟道，解脫輪迴的菩薩。如果只是發心學習菩薩行，但是還未悟道，如此還是屬於眾生之流，還不是眞實的菩薩，只能說是「假名菩薩」。一般所指的菩薩法界，至少是指初地果位以上的菩薩。像常見的觀音菩薩、文殊菩薩、地藏菩薩等，都是屬於菩薩法界。

聲聞法界，「聲聞」是指聽聞佛陀言語聲教而證悟的出家弟子。他們觀察苦、集、滅、道四諦的法理，修習三十七道品，斷除見、修二種迷惑，次第證得四種法門的果位而證入無餘涅槃。聲聞聖者的修行果位可以分為四個階位，稱為「四果」。

包含四聖六凡的十法界圖

緣覺法界，緣覺也就是一般所說的「辟支佛」，又稱為「獨覺」，指獨自悟道的修行者。也就是在今生中，不必經由佛陀教導，能無師獨悟，生性好樂寂靜而不事說法教化的聖者。緣覺聖者是利根的修行人，由自身觀察大自然的花開花落，自然體悟到因緣法，覺悟一切眞空之理，能解脫三界輪迴。佛法中所說的三乘，就是指菩薩、聲聞與緣覺三乘。

以上所說的四聖法界，都是指超脫三界輪迴的聖者。當然，這四聖法界也不是那麼固定，像聲聞及緣覺的二乘聖者，都是不會再到這個世間輪迴的聖者，但是他們可以迴小向大，轉向修習菩薩行，重新在世界出生，救度衆生。

一般來講，在淨土中的菩薩，因為有些是超脫三界的淨土，所以他就不落世間。而大心的菩薩常行世間，不住世間。諸佛則示現在世間，且是以一大事因緣，開示悟入衆生的知見，所以他當然不是在世間。像地藏王菩薩雖常處地獄，但我們不能說他是住在地獄受苦，他身、心安立之處即是淨土。

其實，從佛法的觀點看來，宇宙中充滿了各式各樣的無盡生命，這無盡的生命，在宇宙中交互的影響、共生，開創出無邊幻化的法界衆相。六道、十法界只是一種約略上的分類。

六道中的差別果報，都是由因緣業力所成，並非本質上的差別，所以當這些業報緣盡之後，就會依另行現起的果報而轉換成其他的生命型態。因此這些生命型態，並非固定不變，而是在業力的傳動下，具有因緣的流動性，這就是生命輪迴力量的根源。

所以，宇宙中的一切生命型態，雖有種種苦樂差別果報，但這絕非生命本質的不平等，而是因緣業果的差別。當因緣業果轉變了，生命也就可能流轉成另一種生命型態，這就是生命輪迴的現象。除非生命解脫覺悟了，否則生命的輪迴現象，就不會終止。

因此，佛法對生命型態的分類，是在說明因緣業力的事實，與生命存有的實相，事實上這種種的生命型態，本質皆是平等無別的。

⊙六道眾生分佈的地域

而六道眾生在空間上的分佈如何呢？

大致上來說，地獄在南閻浮洲下一千由旬至四萬由旬間，有等活地獄至無間地獄的八熱地獄。阿修羅趣以須彌山麓與須彌海爲本處，又遍佈在各處，經常和忉利天、四王二天天發生戰鬥。人趣居四大洲及其眷屬八洲，但南洲所屬的遮末羅洲，是羅刹的住處。四王、忉利等六欲天，及色界、無色界都是天趣的住處。

另一種分類的方法，則是將世界裏的空間大致分爲「地居」和「空居」，也就是居住在地底、地表和空中這二種型態。一般而言，人、畜生、地獄、餓鬼、修羅等五道都在地居，空居則只有天界。

「地居」可分爲三界——「閻魔王界」、「金輪王界」、「釋天帝界」。

「閻魔王界」包含了「地獄」和「餓鬼」二道，都是在地下。

「金輪王界」，就是轉輪聖王所統治的世界，包括了「人道」和「畜牲道」，居住在地面上。

「帝釋天界」，也就是帝釋天王所統治的的範圍。帝釋天王也就是俗稱的「玉皇大帝」或「天公」，其所統治的範圍是忉利天、四天王天等二天界，以及世間鬼神、仙道。仙道是指由人所修持成仙的型態。以上是屬於「地居」的範疇。

六道生命分佈圖

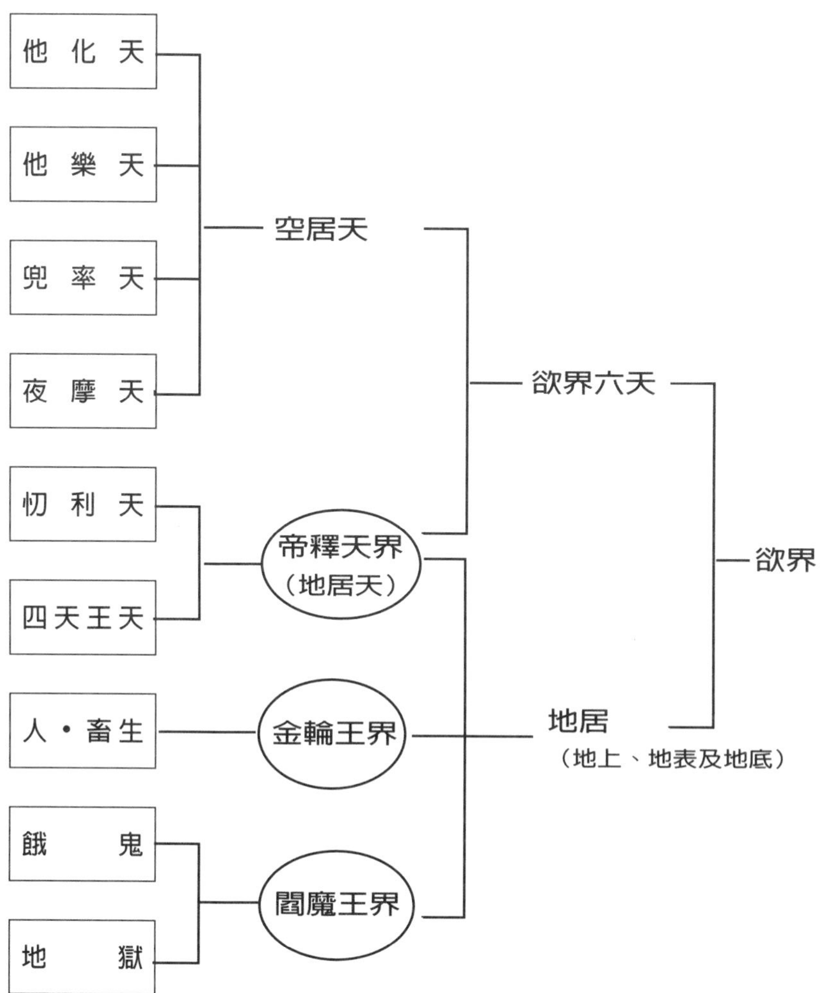
他化天
他樂天
兜率天
夜摩天
忉利天
四天王天
人・畜生
餓鬼
地獄
空居天
帝釋天界
（地居天）
金輪王界
閻魔王界
欲界六天
地居
（地上、地表及地底）
欲界

再來看「空居」的範疇。空居有四層天界，即：夜摩天、兜率天、化樂天、他化自在天。此外，雖然色界的二禪、三禪、四禪也是居於空中，但一般並不將其歸於空居的範疇，因空居和地居都是指欲界的範疇。

了解了這個宇宙中的種種世界，我們再來深入探討除了人類及人類所覺知的現象之外，更多神秘不可知的生命。

第二章 鬼影幢幢——鬼的世界

神秘的鬼界

談到鬼，大部份的人心中都有著一種莫名的恐懼。在一般人的觀念裏，「鬼」幾乎是不祥、災害的象徵，好像隨時伺機害人。

人死後是不是都會變成鬼呢？鬼死後又是什麼呢？

到底什麼是鬼？鬼和人類有什麼不同？兩者的交會又是如何？

有認爲「人死爲鬼」，其實人死並不一定投生於鬼道，鬼是六道中的一途，如果造了與鬼相應的業行，才會投生於鬼道。經中說：平日習於慳吝、忌妒、惡口等較輕的惡業者，容易投生於鬼道。

另外容易被誤認爲鬼的，則是人死後的「死有中陰」階段，這是尚未投胎至六道，只是死後到出生之前的一個中繼站。在這段期間，如果親人能爲其佈施、供佛，造作種種福業，則能幫助亡者投生善處，若無，則隨亡者業力投生六道，最遲死後經四十九天投胎。

一般人所說的鬼神，就佛教而言，大多是指一般的餓鬼與大威勢的鬼類，而不包含眞正高階的天神。在凡人眼中，這些鬼神具有許多凡人所沒有的神秘力量，來去自如，隱身自在，有神秘的鬼通。自古到今，人們對鬼神的好奇與探索，歷久不衰。

在佛經中所記載的鬼類中，有守護佛法、保衛國土的善鬼善神，也有破壞正法，危害人類，破壞國土的惡鬼惡神。形像有容貌端正的，也有人面獸身、獸面人身，狀甚恐怖的，種類非常多。

佛經中常見的鬼有下列各種：

毗舍闍為食人精氣血肉的惡鬼

(1)毗舍闍（piśāca）：音譯又作毗舍遮，意譯作食血肉鬼、噉人精氣鬼、癲狂鬼，是食人精氣或血肉的惡鬼。

(2)部多（bhūta）：音譯又作「負多」，為一種化生的鬼類。

(3)鬼（preta）：又譯作餓鬼，原來是指死者之靈；在古代印度是指痛苦不堪，不能受子孫祭祀的父祖之靈。在佛典中，則指墮入餓鬼道、恒常飢渴之眾生。

(4)毗陀羅（vetāla）：意譯作起屍鬼，指能役使屍體站立，並以之殺害冤家的鬼神，近似僵屍一類。

(5)夜叉（yakṣa）：又譯作藥叉，意譯作捷疾鬼、勇健、能噉。在古代印度被視爲神聖的靈體，或具超自然力的半人半神。在佛典中，夜叉是住在地上或空中，食人血肉的惡鬼，有時也是守護正法的善神。夜叉在鬼神八部與天龍八部衆之列，爲四大天王中，毗沙門天王所管轄。

(6)羅刹（rākṣasa）：是行地飛空，以神通力惑人，食其血肉的惡鬼。

其中夜叉與羅叉皆列於「鬼神八部」之中。鬼神八部是指：夜叉、羅刹、鳩槃荼、毗舍闍、富單那、辟荔多、乾闥婆、龍等八種鬼神。

在《觀佛三昧海經中》卷三中，則提到：「諸羅刹、諸富單那、諸金毘羅、諸噉人精氣鬼、諸鳩槃茶、諸吉遮、諸曠野鬼、諸餓鬼、諸食吐鬼、諸食涕唾鬼、諸食膿血鬼、諸食屎尿鬼，諸山神、諸樹神、諸水神，如是等若千百千諸鬼神等。」其中將鬼及山神、樹神等精靈皆歸納爲鬼神。

在《楞嚴經》卷八中，也載有十種鬼：怪鬼魃鬼、魅鬼、蠱毒鬼、癘鬼、餓鬼、魘鬼、魍魎鬼、役使鬼、傳送鬼。

在本章中，我們要介紹的是最常見的鬼——餓鬼。

餓鬼（梵preta），音譯爲「閉多」，傳說鬼界是由人間第一個死亡的人——

「閻魔」所統領，稱爲「閻魔王」。在《立世阿毗曇論》卷六中說：「云何鬼道名閉多閻摩羅王名閉多故，其生與王同類，故名閉多。復說此道與餘道往還，善惡相通，故名閉多。」其中說「閉多」是人間第一個死亡的人，是開啓了劫初幽冥之路的閻魔王。因此，閻魔王界就成爲鬼類的主要住所。

鬼有那些種類？

經論中記載著各種鬼類。像《大智度論》卷三十中說鬼可分為「弊鬼」、「餓鬼」兩種。什麼是「弊鬼」呢？它們雖然享受如天人般的快樂，但是與餓鬼同住，為餓鬼中的頭頭。而「餓鬼」則是我們常看到肚子大大的，但是咽喉細如針頭，全身只皮瘦得只剩下皮、筋、骨，幾百年連飲食之名都不曾聽聞，更何況吃食。

《大毗婆沙論》卷一七二則說有「有威德」、「無威德」二種鬼。有威德鬼住在花林果林等種種清淨美麗之處，享受各種福樂；無威德鬼則住在廁糞水坑等種種雜穢不淨處，福報淺薄貧窮。

《瑜伽師地論》卷四則依飲食的型態將鬼類分為三種：

1.因為外在的障礙而無法飲食者：

這是有的人生前因為慳吝的習性很重而投生於鬼趣之中，經常感到飢渴而處處馳走。但是其所到的泉池，都有看守者手執刀杖守護，使其不得趣近飲食。即便是

有的餓鬼道眾生，只要食物一靠近嘴，就會發出火焰，無法入口

勉強靠近，原本甘美的泉水也會剎那間變成膿血，無法飲用。

2.因為自身的障礙而無法飲食者：

此類的餓鬼有的嘴吧像針那麼細，有的頸部長了一個巨癭，肚子鼓脹，因此，就算有飲食也無法順利食用。

3.其他障礙：

第三種鬼類，沒有前述的兩種障礙，但是它所飲食之物，只要食物一靠近嘴邊，就發出猛烈的炭火，讓它無法享用。像猛焰鬘餓鬼就是這種類型。或是另一種食糞穢餓鬼，只能飲食糞溺或極可厭惡之生熟臭穢之物，即使是得到香美的飲食，反而不能食用。

在《順正理論》卷三十一中，則將鬼類分爲「無財」、「少財」、「多財」等三種鬼：

1.無財鬼：

包括「炬口」、「鍼口」、「臭口」等三種餓鬼。

炬口鬼口中經常吐出猛烈的火焰，身體像被刑囚燙傷一樣。鍼口鬼的腹部像山谷那麼大，但口卻如針孔那麼細小，雖然看見種種上妙飲食，卻無法受用。臭口鬼正如其名，口中常出極爲惡腐爛臭的氣味，比糞便四溢還臭，這種惡臭時時存在，熏得它自己都反胃嘔吐，即使有美食也無法受用。這三種餓鬼者無法吃食，經常陷於飢渴之苦。即使偶然獲得食物，要吃的時候，食物立即化作火焰，無法噉食。在農曆七月十五盂蘭節，舉行放焰口法會，就是以甘露來灑淨餓鬼的焰口，消滅餓鬼們口中的火，使他們能夠得以飽足。

2.少財鬼：

這類鬼包括「鍼毛」、「臭毛」、「癭」等三種餓鬼。

鍼毛鬼鬼如其名，它身上長滿了堅硬銳利的鋼毛，沒有人可以接近它。但是這

有的餓鬼道衆生飢渴所迫，想飲水卻化成膿血

些銳利的鋼毛，會向內鑽向它自體，同時向外射，因此它經常痛得如鹿中毒箭，恐怖驚狂地奔走。它以糞溺等不淨爲食，有時可以吃一些不淨來使飢渴稍止。

臭毛鬼，此鬼身上的毛非常之臭，經常臭穢得薰爛自己的肌肉筋骨，令人作嘔。因此它經常痛得受不了，而將身上的毛猛力的拔起來，但是皮膚裂傷之後，更加劇苦。

癭鬼的特徵非常明顯，因爲此鬼在頸部長了一顆大癭，當天氣熱時，大癭熟破，臭膿一起湧出，衆鬼爭食。這三種鬼專門食血、膿等。

3.多財鬼：

包括「希祠」、「希棄」、「大勢」三種餓鬼，專門吃人類吃剩的殘物或布施之物。

「希祠鬼」經常時往在祠祀中，接受子孫的祭拜。「希棄鬼」則是以他人所棄吐殘糞等穢物當作食物。「大勢鬼」則是具有大勢力之鬼。

在《正法念處經》中還舉出迦婆離、魔羅迦耶等三十六種餓鬼的名稱，並說明其業因。

在《正法念處經》中，則以所食之物及住處舉出各種鬼，有鑊湯鬼、針口臭鬼、食吐鬼、食糞鬼、食火鬼、食氣鬼、食水鬼、食法鬼、食唾鬼、食鬘鬼、食血鬼、食肉鬼、食香鬼、疾行鬼、伺便鬼、黑闇鬼、大力鬼、熾然鬼、伺嬰兒便鬼、欲色鬼、海渚鬼、閻羅王執杖鬼、食小兒鬼、食人精氣鬼、羅刹鬼、火燒食鬼、不淨巷陌鬼、食風鬼、食炭鬼、食毒鬼、曠野鬼、塚間食灰土鬼、樹下住鬼、交道鬼、魔羅身鬼等。

其中一般在民間小說常看到的，有與人交會的「欲色鬼」，專門吃小孩子的「食小兒鬼」，而「食血鬼」可能是類似吸血鬼一類。

鬼的種類

鬼的名稱	經典出處
弊鬼：享受如天人的福德鬼 餓鬼：飽受飢渴之苦的鬼	《大智度論》卷三十
有威德鬼：住在花林、果林等環境幽美之處。 無威德鬼：住在廁所糞坑等臭穢不淨之處。	《大毗婆沙論卷一七二》
無財鬼 炬口：口中常吐出猛烈火焰 鍼口：口像針那麼細，肚子像山那麼大。 臭口：嚴重口臭的鬼，比糞便四溢還臭，連自己都作嘔。	《順正理論》卷三十一
少財鬼 鍼毛鬼：全身長滿銳利剛毛，如鐵刺蝟。 臭毛鬼：身上的毛奇臭無比的鬼。 癭鬼：頸部長著巨癭的鬼，食物難以靠近嘴邊。	《順正理論》卷三十一
多財鬼 希祠鬼：常住在祠祀中，受子孫祭拜的鬼。 希棄鬼：以他人所棄吐、殘食、糞穢爲食之鬼。 大勢鬼：具大勢力之鬼。	《順正理論》卷三十一
鑊湯鬼、針口臭鬼、食火鬼、食血鬼、食小兒鬼等多種鬼。	《正法念處經》

鬼住在那裏？

在《正法念處經》卷十六說，鬼有住在地底的，也有住在人間的：「餓鬼略有二種，（中略）一者人中住，二者住於餓鬼世界。」像有人半夜行走，遇見鬼類，就是住在人間的鬼。住在地底的鬼，則居住於這個閻浮提世界地底下五百由旬之處。

也有說比較有福德的鬼進在山谷、虛空中或海邊，有自己的宮殿，比較沒有福德的鬼，就住在廁所等糞穢不淨之處，或是住在墳地林間的草木裏。它們不像前者有自己的宮殿。

在《法苑珠林》卷六中，就有轉輪聖王彌儞遊鬼域的記載：「王見彼有威德鬼，首冠華鬘身著天衣，食甘美食猶如天子，乘象馬車各各遊戲。見無威德鬼，頭髮蓬亂裸形無衣，顏色枯悴以髮自覆，執持瓦器而行乞。」他看見的情景就像人間有富豪權貴和窮人乞丐，鬼界也是如此，有福德的鬼生活享受就像天神一般，少福德的鬼窮得衣不蔽體，在路邊乞食。

在《阿毘曇毘婆沙論》中也說，有威德的鬼，就有七寶莊嚴的宮宅可住，無威德鬼，就如同浮游浪鬼，不但恆常受到飢渴之苦，也沒有房舍可住，只能依附在塚墓叢林、草木巖穴內居住。

在《大莊嚴論經》卷四中，佛陀曾講了一個餓鬼城的故事：以前有一個大商主的兒子，名叫億耳。有一次他到海中採寶，回途與同伴失散了，身邊又沒有帶飲水糧食，他慌張失措地在島上走著，又餓又渴，遠遠看見有一個城市，不覺精神一振，加緊腳步到城邊要討一點水喝。

進了城之後，卻看不到半個人影，他只好大聲呼喊著：「水！水！那個好心人，給我一點水吧！」忽然之間，他的面前擠滿了一大群身如燋柱，頭髮散亂纏在身上的餓鬼，爭相向他乞討著：「善心人，願乞我一些水吧！」原來這座城是一座餓鬼城，無人居住。

億耳看了又驚又怖，向它們說：「我就是又飢又渴，才來這裏討水喝啊！」餓鬼們一聽，希望全都幻滅了，各自歎息著。有一個鬼說：「你可能不知道這裏是餓鬼城吧！怎麼會來這裏討水呢？我們住在這裏，百千萬年，連『水』這個字都不曾聽到，更何況是能喝到水呢？

我們的身體就像被大火焚燒的樹林一樣，連四肢骨節都冒著飢渴的火焰，頭髮蓬亂，這副毀壞破敗的相貌，日夜都被飢渴所逼，愴惶奔走十方，只希望求得一點食物和水。有時好不容易喝到一點，立刻就有執杖的鬼卒朝我們身上痛加鞭撻驅離。這麼悲慘的處境，你竟然還來向我們乞水，這不是笑話嗎？」

而在《長阿含經》卷二十中，佛陀曾經說：「一切人民所居舍宅皆有鬼神，無有空者。一切街巷四衢道中、屠兒市肆及丘塚間皆有鬼神，無有空者。」意思是說，每個人所住的房子裏都有鬼，大街小巷、熱鬧的市場或是荒涼的墳地，到處都有鬼，只是一般人看不見，只有特殊的人能看見，像通靈的人，或是具足神通的聖者、大威德的諸佛菩薩，都有這種能力，但是聖者所見的廣大境界非一般通靈者可比擬。

在《撰集百緣經》卷五中，就記載著目犍連入城乞食遇到鬼的故事。有一回，佛弟子中神通第一的目犍連尊者，進入王舍城乞食，在城裏遇見五百個餓鬼，他們的身體宛如燒燋的火柱，肚子鼓脹，喉嚨卻細得像針一樣，身上的每一個骨節都竄著火焰，模樣非常可怖。

它們前世都是城中大長者的孩子，家中非常有錢，但是都花在自身的享樂上，並不作佈施等福業，而對前來乞食的沙門還經常惡言相向，因爲生前慳貪的業緣，而投而爲餓鬼，從生前恣意揮霍的公子哥兒，變成今日的慘狀。他們看見目犍連，好像看到救星一般。

「尊者，請您進城時，告訴我的家人，爲我等設食供養。您看看我們這副模樣，自從生爲餓鬼之後，每天餓得受不了，看到那裏有好吃的，就趕緊跑去，那裏知道食物一到嘴邊，就變成膿血，根本無法下嚥。」他們淚汪汪地向目犍連哭訴著。

目犍連很同情它們，就回去告訴他們的家人。家人聽了很傷心，爲他們設食供養，卻看不到他們來吃，目犍連以天眼遍觀十方，也找不到它們的痕跡。稟告佛陀之後，才知道他們被業風所吹，但是小乘聖者無法了知其所在。於是佛陀教其家人設食供養佛及僧眾，以此功德力，那些餓鬼才得以受食。

本來一般人是看不見鬼的，佛陀爲了要度化大眾，以神通令大眾都能清楚看見五百餓鬼可憐可怖的形貌，他們又悲又怖，深知慳貪業報的可怕，厭離生死，許多人得以悟道。而這些餓鬼也依著家人爲其供佛的功德力，當天夜裏就命終，捨棄餓鬼之身，投生於天上，成爲天神。

鬼的住處

住處	經典出處
人間 地底餓鬼世界	《正法念處經》卷十六
有福德鬼住山谷、空中、海邊的宮殿中 無福德鬼棲身於廁所、糞坑及墳地的草木之中	《阿毗曇毘婆沙論》
人居住的房舍、街道、市集及偏遠的山丘、墳塚，到處皆有鬼	《長阿含經》卷二十

鬼的前世

什麼樣的人會投生於鬼道呢？在《大智度論》卷三十中說：「不善亦有三品，上者地獄，中者畜生，下者餓鬼。」這是說惡業有極重、中等及輕微等三級，如果是造輕微之惡者，即生於餓鬼道中。在《法苑珠林》卷六中說：「若依正法念經說，若起貪嫉邪佞，諂曲欺誑於他，或復慳貪積財不施，皆生鬼道。」根據正法念處經的說法，如果生前經常生起貪婪、嫉妒之心，欺騙他人，或是慳貪積聚財富不加布施，都會生於餓鬼道中。

⊙慳貪投生為鬼的僧人

在《撰集百緣經》卷五中說，佛陀在祇樹給孤獨園說法弘化的時期，曾有這麼一個故事：

當時佛陀安住在舍衛國祇樹給孤獨園，城裏有一位大富長者，名叫若達多，他的財寶無量，所擁有的奴婢僕使、象馬牛羊，不可稱計。

有一天，若達多長者到祇園中，看到佛陀具足三十二相、八十種好，光明普曜，非常莊嚴，不禁上前禮佛足，並安坐聽佛說法。聽完之後，他心中法喜充滿，回家立刻和家人商量，決心隨佛出家修道。

若達多長者出家之後，由於他的親族眷屬都是豪富之家，於是大家競相布施衣鉢等種種生活所須給他。若達多得到這麼龐大的供養，心想：「這些都是我的親族供養我的！」因而生起慳貪之心，不願布施給其他僧人。

有一天，若達多死了，依據戒律，亡僧的財產歸僧團所有，於是執事帶著衆僧到他房裏，打算爲他收拾遺體及清點遺物。但是一進門之後，卻看到一個形體燋黑的餓鬼，守在若達多的衣鉢旁，大家面面相覷，沒人敢靠近，只好退出來，前去向佛陀報告此事。

於是佛陀親自帶著比丘衆來到若達多的房間。佛陀對鬼斥責著：「你怎麼一點都不慚愧呢？生前出家修行，卻貪著利養，不肯惠施同修，現在墮於餓鬼道中，受到醜陋形骸的果報，現在還不知慚愧，回來守著衣鉢！」佛陀又呵責慳貪的種種過患，能使衆生墮於惡道。經過佛陀的教誨開示，餓鬼心開意解，深深生起慚愧，就將衣鉢等遺物布施給衆僧。

由於這個福報，若達多當天夜裏就命終捨離貧窮餓鬼的業報，投生到較有福報的飛行餓鬼之中，不但長相端正殊妙，身上著戴著各種瓔珞，莊嚴無比，在虛空中遊行無礙，福報宛若天人。他身上發出極亮的光明，將祇園精舍照耀得像白天一樣。原來他是前來禮謝佛陀讓它脫離餓鬼之身。佛陀爲他說法之後，他極爲歡喜地離去了。

第二天一早，比丘們請問佛陀，昨夜祇園光明異常，是不是有那一位天王或是他方國土的大菩薩前來聽法呢？佛陀告訴他們，那是亡僧若達多脫離餓鬼身，投生爲具福德的飛行餓鬼，前來供養禮謝佛陀。衆比丘聽了之後，無不捨離慳貪，厭惡生死，有的甚至因此而證悟解脫的聖者果位。

這是佛陀在世時，有人因慳貪而變成鬼的故事。

⊙惡口謾罵投生為鬼的女子

除了慳貪吝嗇的業行之外，在《分別善惡報應經》卷一中說：「復云何業獲報餓鬼？有十種業。云何十業？一、麁惡身業，二、麁惡口業，三、麁惡意業，四、貪財物，不行惠施。五、起大邪見謗佛因果，六、我慢自恃，輕毀賢良。七、障礙他施。八、不恤飢渴。九、慳惜飲食，不施佛僧。十、他獲名利，方便離隔。如是十業獲報餓鬼。」。

在《撰集百緣經》卷五中，就有一個女子，以驕慢心毀謗賢良的比丘尼僧眾，惡口謾罵而投生餓鬼的故事。當佛陀與聖弟子在舍衛國祇樹給孤獨園安住的時期，有一天，阿難尊者一早入城乞食，看見一個女餓鬼身體如同燒燋的柱子一般，腹大如山，咽喉細如針，而且天生就眼盲，被各種鳥鷲梟鳥所攻擊，痛得在地上打滾大叫，一刻也不停息。

阿難看了很不忍心，不知道她生前造下什麼惡業，會遭到這種痛苦。回到精舍之後，他向佛陀報告此事，並請問佛陀這個餓鬼的業報因緣。

佛陀告訴阿難，很久之前，遠在賢劫迦葉佛的時代，佛陀和聖弟子到波羅柰城遊行教化，接著來到鹿野苑中。當時有一個孕婦前來聽法，對佛陀非常敬信。不久之後，她生了一個女兒，非常端正美麗，長大之後，更是遠近馳名的美人。有一天，她聽聞佛陀說法之後，心中非常歡喜，回去請求父母讓她出家修行。她的雙親非常捨不得，但實在拿她沒辦法，只好讓她出家，成爲比丘尼，並爲她蓋了一間佛寺，請其他比丘尼和她一起共住。

有一次，她違犯了戒律，被比丘尼衆驅逐出寺，她心中很慚愧，也不敢回到父母家，只好寄住在別人家裏。

她忿恨不平地想：「這間佛寺本來是我父母爲我建的，她們憑什麼將我趕出來，自己獨佔？」於是她就向長者居士說諸比丘尼種種過惡，又說她們根本就是餓鬼，不自力更生，只是靠別人的佈施生活。對比丘尼種種謾罵毀謗之後，她恨恨地說：「今後我再也不想見到這些人！」命終之後，她就墮入餓鬼道，而且天生眼盲，遭到種種苦果。佛陀以此來警惕大衆善加守護身、語、意業的重要。

在《佛爲首迦長者說業報差別經》卷一中則說，有十種行爲能讓衆生投生爲餓鬼：「復有十業。能令衆生得餓鬼報。一者身行輕惡業，二者口行輕惡業，三者意行輕惡業，四者起於多貪，五者起於惡貪，六者嫉妒，七者邪見，八者愛著資生。即便命終，九者因飢而亡，十者枯渴而死。以是十業。得餓具造十業生餓鬼中。」

綜合以上的說法，投生爲餓鬼道的原因，大體上可分成兩類，一是身、語、意行較輕的惡行，如貪心、嫉妒、惡口等。一是生前因飢餓或口渴而死者，死後都容易投生爲餓鬼。

⊙嫉妒毒心投生為鬼

在《撰集百緣經》卷五中，記載著那羅達多尊者遇見餓鬼的故事。

當時佛陀與弟子安住在王舍城的竹林精舍。有一天早晨，那羅達多尊者持鉢入城乞食，回到精舍，剛吃完飯，遠遠看見祇園精舍附近有一團物體，紅紅的像血一樣，他覺得很奇怪，就前往察看。

到了那裏，只見一個女餓鬼，瘦得身上的骨節都歷歷可見。她在一天裏生下五百個孩子，由於她實在太虛弱了，在每一次的生產的過程裏幾乎悶絕至死。由於不斷的生產，她無暇出去覓食，實在餓得快死了，所以她的孩子一生下來就被她吃了，就這樣五百個孩子都被她自己吃了。那羅達多非常同情她，就問她：「大姊！你以前是造了什麼惡業，爲什麼會受到這種苦果呢？」

「你去問佛陀吧！」女餓鬼氣若游絲地回答。

回到竹林精舍之後，在佛陀與僧衆聚會時，那羅達多向佛陀稟告了此事，並請問佛陀這個餓鬼爲何會受到如此的苦果？佛陀告訴他：

在很久之前，有一個大富長者，他的財寶無量，與夫人的感情也很和睦。唯一遺憾的是久無子祠，雖然他不斷地神明祈求，還是沒有消息。最後不得已，長者只好再娶了二夫人。沒想到不久之後，二夫人就傳出懷孕的喜訊。大夫人非常嫉妒，也擔心自己的地位不保，於是秘密將墮胎的毒藥加在飲食中給二夫人服用，果然二夫人立刻就流產了。

二夫人娘家的人不甘心，認爲一定是大夫人搞的鬼，帶著棍棒等將大夫人捉起來，逼問她是否犯下罪行。大夫人被打得幾乎昏死過去，但她知道一承認必死無疑，於是抵死否認，更發下毒誓：「如果我眞的害她流產，那麼我死後就生在餓鬼中，一天一夜生五百個孩子，生下來就被自己吃掉，永遠吃不飽！」二夫人娘家的人看問也問不出個所以然，就放了她。沒想到她生前雖然逃過一死，死後卻因嫉妒墮他人胎及自己發下的毒誓等業行，遭受到此等苦果。

人間的餓鬼

除了餓鬼道中的鬼之外，在人間也有活脫脫的餓鬼。當初佛陀在毘舍離彌猴河岸重閣講堂安住的時期，當時城裏有一位長者，他的新婚妻子懷孕後，身體忽然一反常態，變得奇臭無比，沒人能接近。長者捏著鼻子問她：「奇怪，之前你不會這樣的啊！這是怎麼回事？」

「一定是因爲肚子裏的孩子。」妻子也很無奈地說。好不容易捱過了十個月，長者妻生下一個男嬰，但是瘦得像鬼一樣，每一個骨節都清楚浮現，面容也憔悴不堪，身上塗滿了糞屎，臭不可當。

這個孩子漸漸長大之後，不喜歡待在家裏，常常到糞池旁邊，抓了糞穢就往嘴裏塞，叫他回家也不肯。他的父母和親族看了都十分厭惡，恨不得他離得遠遠的。這對他倒是正中下懷，可以自由自在的去求索糞屎，作爲美食。附近的民眾看了他這副模樣，就給他取了個綽號叫「嚪婆羅鬼」。當時毗舍離城裏有裸形外道，看見他吃糞便等穢物爲生，非常贊賞他的苦行。他聽了又驚又喜，長這麼大，頭一回有人稱讚他，於是他感動的拜這位外道爲師，和其他弟子一樣，裸露形體，以死人骨灰塗身，修於淨行。即使如此，他貪愛糞穢不淨之處的習性還是不改，身上老是散發著惡臭，其他師兄弟都一起罵他，甚至鞭打他，他還是老樣子。有一次，他們實在忍不住了，將他毒打一頓，將他丟棄在河岸溝坑裏。臨走時，還恨恨地罵著：「到底是什麼業報，這麼喜歡待在臭穢的地方！」

當時河岸邊住著五百個餓鬼，雖然它們的身上也很臭，但是看見嚪婆羅前來，身上極爲穢臭，連鬼都不敢親近他。倒是嚪婆羅自己很高興地說著：「以前我在人間，到處被人打罵驅趕，現在和你們在一起，好像找到同類一樣。」

沒想到那些鬼實在受不了他身上的臭味，紛紛要離開。嚪婆羅急得直跳腳，大哭著說：「怎麼連你們都要離開我呢！」

當時世尊晝夜都在觀察衆生，誰有因緣當得度，他發現嚪婆羅得度的因緣到了，就到其所在的地方去。嚪婆羅失去伙伴，正在愁憂困苦，悲傷的倒在地上打滾。

當佛陀來到嚪婆羅的面前，嚪婆羅看見佛陀的身心寂靜安定，光明暉曜，如同百千個太陽一樣光明，心中非常歡喜，五體投地頂禮佛陀，並對佛陀說：「世尊！在這個世界上，像我這樣低下臭穢的人也能出家嗎？」

佛陀慈悲地告訴嚩婆羅：「佛法中沒有因爲尊卑而不允許其出家的。」嚩婆羅聽了非常感動，立刻請求佛陀允許他出家。佛陀也慈悲地允許了。隨從佛陀出家之後，嚩婆羅就不再像以前一樣貪愛糞穢不淨，而成爲一個具足威儀，精進修行的比丘。不久之後，就悟道證得阿羅漢。

對嚩婆羅的過去了解的人都很好奇，不知道他前世是造了什麼樣的業報，怎麼會像餓鬼一樣喜歡吃糞便等不淨，又怎麼會在這麼短的時間悟道？於是佛陀爲大家宣說嚩婆羅的往昔因緣。

很久很久以前，同樣是在賢劫的時期，當時人壽四萬歲。波羅奈國有一位迦羅迦孫陀佛住世，與聖弟子們在國內遊行教化。當時的國王得知佛陀不久即將來到首都，非常歡喜，很誠心地請佛陀及聖弟子接受他的供養。佛陀允許之後，國王爲了這件事，開始建房舍準備供佛陀及弟子居住。當時他請了一位比丘作爲寺主，管理行政事宜。

當時有一位阿羅漢比丘來到寺中，由於他的威儀堂堂，信衆們就請其入浴室爲其洗浴，並恭敬地以香油塗其身上。當時那位寺主從外面進來，看見這個情景，心中非常嫉妒，就口出惡言地說：「你這個出家人，怎麼做這種事呢？那些香油塗在你身上，就好像大便塗在你身上！」那位阿羅漢，心中非常憐愍他的愚痴，爲了度化他，就示現神通，踊身虛空中，示現十八種神變。寺主看了，知道他是得道的聖者，心中非常慚愧，立即向阿羅漢懺悔謝過。

由於這個業緣，嚪婆羅在五百世中，身常處於糞便臭穢之處，沒人敢靠近。他也就是現今的嚪婆羅比丘。而由於當時他曾出家的緣故，並向阿羅漢懺悔罪咎，所以現今得遇佛陀出家得道。

在人間許多地區，也有許多遭受飢餓之苦的人嚴，像非洲許多貧困的地區，糧食嚴重缺乏，人民飢苦交迫，幾乎是在瀕死邊緣掙扎，也可說是現實人間的餓鬼道吧！

鬼的模樣

鬼長得什麼樣子呢?在《法苑珠林》卷六中說:「如五道經說,餓鬼形量極大者長一由旬,頭如大山,咽內如針,頭髮蓬亂,形容羸瘦,柱杖而行,如是者極眾。最小者如有知小兒,或曰三寸中間形量。」經中對餓鬼有各種形貌的描寫,一般的樣子,大概是頭大得像山一樣,但是喉嚨細得像針一般,頭髮蓬亂不堪,瘦得連骨節都歷歷可見,虛弱得要拄著枴杖才能走路。

而鬼中也有分美醜,在《法苑珠》卷六,引用《阿毘達磨大毘婆沙論》中的說法:「如婆沙論云:鬼中好者,如有威德鬼,形容端正,諸天無異。又一切五嶽四瀆山海諸神,悉多端正名爲好也。第二醜者,謂無威德鬼,形容鄙惡,不可具說。身如餓狗之腔,頭若飛蓬之亂,咽同細小之針,腳如朽槁之木。口常垂涎鼻常流涕,耳內生膿,眼中血出。諸如是等,名爲大醜。」這是說鬼有也美醜之分,有威德的鬼形貌端正,像天人一般,沒有福德的鬼,則是形貌鄙惡,身子像餓狗一樣,胸腔肋骨歷歷明析,頭像亂飛的蓬草一樣雜亂,咽喉細得像根針,兩腳像腐朽枯槁

餓鬼頭髮蓬亂，骨瘦如柴，腹大如山

的木材一般，口邊垂著涎，掛著兩條鼻涕，眼中出血，這是比較醜的餓鬼。

在《過去現在因果經》卷三中描繪餓鬼的形態：「爾時菩薩，次觀餓鬼，見其恒居黑闇之中，未曾暫日月之光，還是其類，亦不相見。受形長大，腹如太山，咽頸若針，口中恒有大火熾燃，常爲飢渴之所燋迫，千億萬歲，不聞食聲。設值天雨灑其上者變成火珠，或時過臨江海河池，水即化爲熱銅燋炭。動身舉步聲，如人牽五百乘車，支體節節，皆悉火然。菩薩既見受如是等種種諸苦，起大悲心。」經中更說餓鬼被饑渴所逼迫，但卻千億萬年連「食物」這兩個字都沒聽過，更何況是吃到東西呢？它們非常口渴，但當天下雨時，灑在它們身上，水珠卻都變成火珠，焚燒身體，非常痛苦。或是需要度過江海、河池時，其中的水立即化爲熱銅燋炭，它們舉步移動的聲音，如同有人在牽曳五百輛車那麼大聲，身上的每一個支節，都有火焰冒出燃燒。

鬼可以活多長？

鬼可以活多長呢？在《觀佛三昧經》中說，餓鬼極長壽者可活八萬四千歲，短則不一定。依《成實論》所說，餓鬼極長壽者七萬歲，短則不定。如果依《優婆塞經》所說，餓鬼極長壽者有一萬五千歲，人間的五千年爲餓鬼的一日一夜。如此換算，那麼餓鬼的壽命一萬五千歲，大約等於人間二千七百萬歲。如果依《正法念處經》所說，有鬼壽命五百歲，如人間十年爲餓鬼一日一夜，這樣換算起來，餓鬼五百歲大約等於人間一百八十萬歲左右。

長壽是人生的幸福指標之一，但是對餓鬼而言，越長壽則代表受苦越久。在《雜寶藏經》卷七中，有這麼一個故事：

有一次尊者祇夜多和弟子到城裏的時候，忽然間露出悲慘的神色，弟子們請問他怎麼回事？尊者回答：「方才我在城邊，看見一個餓鬼的小孩淚汪汪地對我說：『尊者！我在城邊已經七十年了，媽媽爲了我進城找食物，到現在都沒回來，我好餓啊！請尊者到城裏去，如果看見我媽媽的話，請告訴她趕快回來吧！』

我進了城之後，果然看見了它母親，就對她說：『你兒子在城外，已經快餓死了，希望你趕緊回去。』

餓鬼媽媽悲傷地說：「我進來此城七十多年了，由於自己福報淺薄，加上剛生產完，飢餓虛弱，沒有力氣覓食，雖然有膿血涕唾、大小糞穢不淨之食，但是早被那些有力氣的餓鬼搶走了，根本沒有我的份。好不容易搶到一小口，想拿出城去和孩子分著吃，卻被城門下的大力鬼刁難，不讓我出城。惟願尊者慈愍我，讓我們母子得以相見，享用這唯一的食物。」

於是尊者以威神力使其得以出城，回到孩子身邊，一起吃著糞穢不淨。

此時，尊者問她：「你在這裏住了多久了呢？」

「很久了，我親眼目睹這座城從興盛到毀滅，從毀滅到興盛，如此週而復始，如此七次了。」

尊者歎了一口氣說：「餓鬼的壽命極長，反而是它們極大的痛苦啊！」

鬼的苦與樂

餓鬼道是三惡道之一，在其中會受什麼苦呢？在《大毗婆沙論》中說，鬼中窮苦者，也就是所謂的「無威德鬼」，它們恒常受到飢渴之苦，經年累月都連「水」、「飲料」這些字眼都沒聽過，更別說是得以暢飲止渴了。有時好不容易遇到大河，想靠近河邊喝點水，河水立即化為炬火，即使能喝入口，肚子也立即被燒燋燒爛。

而鬼裏面較有錢的，也就是所謂的「有威德鬼」，則是富足豐美，種種衣服、飲食自然而有，身上穿的是妙好天衣，每天吃的是天廚妙供，駕著車乘輕馳，盡情游戲，生活幾乎和天人一樣，更勝於人類。但盡管如此，它們卻不能像人類一樣在白天出現，只能晝伏夜出，而且很怕人，如果在路上與人相遇時，它們就會躲到路邊去。

鬼是怎麼出生的呢？在《雜阿毗曇心論》卷八中說：「餓鬼化生，亦有胎生。」也就是說鬼有化生及胎生兩種方式。關於鬼的身形，《法苑珠林》卷六中說，鬼極大者身長可至一由旬，最小則如小兒一般，或僅長三寸。

《觀佛三昧經》中說，鬼極長壽者有八萬四千歲，短者則不一定。《成實論》中則說極長壽者七萬歲，短者不定。《優婆塞戒經》卷七則說人間五十年（也有說五百年），相當於餓鬼道中一日一夜，其中極長壽者有一萬五千歲，相當於人間之二億七千萬餘歲。

為什麼投胎後會忘了上輩子的事？

傳說人死亡後會忘了上輩子的事，是因為喝了孟婆湯的緣故。而佛法中則稱之為「隔陰之迷」。

人死亡後進入中陰的狀態，中陰是隔斷我們生死的中介，隔著中陰而轉換後投胎，我們就會不覺，沒有辦法記起中陰之前的種種事情、因緣，亦即忘記過去世的一切。這便是隔陰之迷。

隔陰的「陰」指的是中陰，中陰有幾種：有「生有中陰」——就是我們現前的識神，有「夢中中陰」——在作夢時的意識，又有「定中中陰」——是修定時的意識。最後就是一般常說的中陰身：「死有中陰」——亦即這一期生命死亡之後，下一期生命還未開始之前昏迷不覺的意識狀態。而悟道解脫之之後就沒有中陰了。

從這一生到下一生有隔陰之迷。一般的凡夫或是修行比較不圓滿的下位菩薩，隔了這個中陰之後，到了下一世便會忘卻這一世的種種，這種現象也是保護我們生命，使我們不至於人格分裂、維繫人類文明社會秩序的保護機制。

鬼月的傳說

在民間，農曆七月是傳說中的鬼月，相傳當地獄的鬼門開時，鬼就在人間四處遊盪。

然而農曆七月十五日，卻是佛教的盂蘭盆節，是佛教中非常重要的節日，又稱爲「佛歡喜日」。「盂蘭盆」「Ullambana」是梵文的音譯，意義原來是爲「倒懸」，是指亡者投胎在鬼道之中，受到有如倒懸般的痛苦。也有說「盂蘭」是音譯，「盆」是指盛食物供養僧器的盆子。

盂蘭盆節的由來和神通第一的目犍連尊者有密不可分的關係。

目犍連尊者決定隨從佛陀出家時，他的雙親非常不捨，但是由於疼愛目犍連的緣故，看他意志堅決也只有隨順他的心意。目犍連依止佛陀的教誨精勤悟道，很快就成爲神通第一的阿羅漢聖者。

有一天，目犍連想起許久未見的母親，就以天眼觀察母親的近況。

當目犍連用天眼徧觀三界六道時，竟然看到亡母投生在餓鬼道中，沒有任何飲食可吃，而且身體皮銷骨立，瘦得骨頭與皮膚幾乎都黏在一起了，十分痛苦。

目犍連看到這種情形，忍不住痛哭，立即以自己的鉢盛滿飯菜，運用神通力，送食物給母親。目犍連的母親得到了盛食飯的鉢後，急忙抓起飯塞入口中，沒想到食物才沾到嘴邊就化成了火炭。

即使目犍連運用了無窮的神通力，也無法讓母親喫得半點的飲食。目犍連尊者悲傷得悲號哀泣，哀痛欲絕，只好以神通力回到祇樹給孤獨園中，悲傷地向佛陀報告這樣的情形。

這時，佛陀悲憫的告訴目犍連，由於其母親罪根深結，業障極重，所以無法靠目犍連一個人的能力就能救度的。

只有依靠十方僧衆的威神力，才能解脫痛苦。

佛陀教其於每年七月十五日，當僧結夏安居結束，解夏的日子，爲其亡母供養僧衆，以此功德才能超拔其出脫餓鬼道。

⊙盂蘭盆節與鬼月的關係

由於盂蘭盆節證悟成道的聖者特別多，原來此日稱爲定「佛歡喜日」，爲什麼後來民間卻稱此月爲「鬼月」的傳說呢？

其實盂蘭盆節最原先的含義，是以供養十方僧衆的福德，爲亡者超拔，爲生者祈福。而其中目犍連尊者救度亡母的故事與中國注重孝道的文化相結合，原來以供僧爲主的盂蘭盆節，也漸漸轉向以超薦先祖爲主。

加上道教認爲：七月十五日爲地官赦罪日，即所謂的「中元」。本來地官赦罪並非專指某種罪愆，後大約在蕭梁時期，道教徒依據《佛說盂蘭盆經》，編撰《玄都大獻經》，將《盂蘭盆經》中「救拔餓鬼」引入其中，而有七月是赦免餓鬼之月，七月鬼門開的說法，甚至稱七月爲鬼月，供奉和祭祀皆以施食餓鬼爲主，失去了盂蘭盆節供僧的意義。

然而，盂蘭盆節傳到中國之後，受到中國儒家「愼終追遠」的孝道思想，而儒家認爲：「人死爲鬼」，因此，希望對逝去的先祖有所救濟。

《盂蘭盆經》中目連救母的故事及超拔餓鬼的功德，與此相結合，而使得原本以供僧爲主的意義，轉而成爲以度亡爲重點。此外，一般對於「餓鬼」的觀念也多有謬誤，餓鬼道爲天、人、修羅、地獄、餓鬼、畜牲等六道之一，並非如同民間所認爲被監禁在地獄中的鬼。但是一般人都是這種觀念，又把《地藏十輪經》中，宣說種種墮地獄惡業的說法特別強調，而演變成地藏菩薩是專司度化地獄衆生的觀念，而成爲盂蘭盆超薦法會中的主尊。

道家中元節「地官赦罪」的說法，與佛教盂蘭盆節供僧以度脫餓鬼的苦難的說法，形成了民間「七月鬼門開」的觀念。

而盂蘭盆節「放焰口」的法會，主要爲依據《救拔燄口餓鬼陀羅尼經》及《燄口儀軌》的說法。「燄口」，是指餓鬼中口出火燄的樣子。「放焰口」是印度佛教後期，密教的救度餓鬼法。自從盂蘭盆節轉成以超薦祖先亡靈爲主的節日之後，寺院大多於此時舉行「放燄口」的儀式，救度父母眷屬的亡靈；又稱之爲「普渡」，成爲盂蘭盆法會的重要的活動。

⊙「放焰口」的由來

「焰口」是指餓鬼道的衆生，由於其體枯瘦，咽細如針，口吐火焰，所以稱爲焰口。放焰口的由來，是源於佛陀的弟子阿難尊者有一次在禪定中，見到一位餓鬼告訴他，他只剩三日壽命，之後就會往生餓鬼道。阿難因此至佛前哀求救度，佛陀乃爲宣說《焰口經》及施食之法，並告訴阿難，如果他能施飲食予恆河沙數餓鬼及諸仙等，非但不會落入餓鬼道，且能延年益壽，諸鬼神等常來擁護，諸事吉祥。

「放焰口」就是根據當時佛陀爲阿難所說的《救拔焰口餓鬼陀羅尼經》，而舉行施食餓鬼的法事，以餓鬼道衆生爲主要施食對象；施放焰口，則餓鬼皆得超度，也是對亡者追薦的佛事之一。

鬼與人的交會

⊙不怕鬼的人

人與鬼之間有何關聯呢？一般人對鬼總有著莫名的恐懼，卻不知道一般的鬼遇到人時，多會畏縮地避在一旁。即使是大力惡鬼，對於不怕鬼的人，也有著敬意。

很久以前，佛陀的本生爲大商主時，帶領著五百個商人路過一條惡鬼經常出沒的道路。這個惡鬼名爲沙吒盧，兩國之間的人民，沒有人能活著走過這裏。當時五百個商人非常遲疑，沒有人敢跟著他走。

「大家別害怕，儘管跟著我。」大家戰戰兢兢地跟著他，不一會兒，惡鬼就出現了。

「你沒聽過我的名號嗎？」商主大聲地對鬼說著。

「聽過，所以來看看你是何方神聖。」惡鬼冷笑地回答。

商主二話不說，拿起弓箭就朝著鬼的肚子射，沒想到箭一射出去，全都沒入惡鬼的肚子裏去了。他一點也不畏懼，拿起刀劍等武器朝鬼砍去，也都被吞入鬼腹。最後他什麼武器都沒有了，還是勇猛地朝鬼揮拳。但是他的左手一出拳，就沒入鬼的肚子裏，拔也拔不出來，右手再打，又陷進去，他不氣餒地用右腳踢，右腳也陷進去，左腳再踢，也是如此，最後他用頭撞，現在他的雙手、雙腳和頭就像被口香糖黏住一樣，全身動彈不得。

「看看你這副模樣，還有什麼能耐呢？」惡鬼看著不自量力的商主，得意地笑著。

沒想到商主毫不畏懼地回答：「雖然我的手腳和頭，乃至一切武器都被你控制了，但是我的精進力你卻控制不了。只要我還活著，必定和你抗爭到底！」

惡鬼聽了，不禁肅然起敬，不但放了商主，也讓五百商人平安通過。

⊙鬼與人的合作

俗語說：「有錢能使鬼推磨」，透露出人和鬼之間微妙的合作關係。在《雜譬喻經》卷一中，記載著一個人鬼合作的故事。以前有一個比丘因為違犯戒律而被擯除，趕出僧團，獨自一人在路上懊惱悲歎，邊走邊哭。走著走著，剛好遇到一個鬼。這個鬼是毘沙門天王的屬下，因為有所違犯而被趕出來。

鬼問比丘：「什麼事哭得那麼傷心呢？」

「我因為違犯戒律而被趕出僧團，惡名遠播，也沒有人會供養我了，不知怎麼辦才好，所以悲歎流淚。」

「別傷心了，我也是被趕出來的，我們兩個合作，我來幫你得到大供養，但是你要分一些給我才好。」鬼安慰比丘。

「你有什麼好方法呢？」比丘停止哭泣，兩眼睜著老大看著它。

「很簡單，我會隱身，你只要站在我肩上，別人看見你好像在虛空中行走，必然以為你有大神通，一定可以得到大供養。」鬼很得意地說著。

「好主意！」於是比丘就站到鬼的肩膀上，鬼就這麼抬著他走，村人看了爭相走告：「哎呀！原來他是得道的聖僧，寺裏的僧人太無理了，竟然將如此的聖僧趕出去！」無知的村民群聚到寺院去理論，強將此僧迎回寺中，並日日準備上好的衣食供養他。而比丘也很守信用，有供養時都先給鬼享用。

有一天，鬼照例將比丘擔在肩上，遊行於空中，沒想到正好遇上毘沙門天王的官屬出巡，鬼看見舊日的老長官，嚇得魂飛魄散，丟下比丘，死命地跑。可憐的比丘從空中掉落地面，就這樣活活被摔死了。

◉鬼換身

佛經裏也有人因爲遇到鬼而悟道的故事。以前有一個人出差到遠地，途中天黑了，就找個空屋暫住一晚。

到了半夜，有一個鬼抬著一具死屍進來，不一會兒又有另一個鬼氣急敗壞地趕來，指著先前的鬼罵道：「這個死人明明是我的，你爲什麼佔爲己有？」於是兩個鬼一人抓著死屍的一隻手，互不相讓。正在僵持不下，看到有個人在一旁，就說：「這兒有個人，讓他來評評理好了！喂，你說，這死屍是誰抬來的？」

這個人心想，這兩個鬼都很兇惡，怎麼說都不免一死，就照實說：「是先前這個鬼抬來的。」後來的鬼一聽大怒，就將他的右手拔斷，丟在地上。先來的鬼就趕緊把死屍的右手拔下來幫他接上。後來的鬼一看更生氣，又將他的左手拔斷，先來的鬼又將屍體的左手拔下來為他接上，兩個鬼就這麼一來一往，結果他全身都被換上死屍的四肢、器官，兩個鬼就一起分食那個換下來的身體，吃完了抹抹嘴邊的鮮血就離開了。

這個人看著自己這個別人的身體，眼睜睜地看著兩個鬼一起吃掉他原來的身體，心中無比迷惘：「現在我到底是有身體呢，還是沒有身體？如果說有，這也不是我的身體啊，如果說沒有，那現在這個身體是什麼呢？」他心中迷悶，在路上漫無目的的走著，遇到前面有佛塔，就向裏頭的衆僧請問。他向衆僧說明自己的遭遇，現在他也不確定自己到底是人還不是人。於是比丘們為他宣此身無我，為地、水、火、風四大所成的道理。此人聽了立刻斷除煩惱，證得阿羅漢。

◉賣鬼的人

除了恐怖的鬼故事之外，也有人佔鬼便宜的有趣故事。在《百喻經》卷二裏有這麼一個故事：以前有兩個毘舍闍鬼，共同得到一個寶篋、一根杖子和一雙鞋子。但是在分配的時候，卻是怎麼也分也擺不平。兩個鬼因此吵了好幾天，還是相持不下。

這時剛好有一個人來了，看它們吵得不可開交，就問它們：「這個篋、杖子和鞋子有什麼稀奇的，讓你們吵成這樣？」兩個鬼回答：「你有所不知，這個篋子能出生一切衣服、飲食、床褥、臥具等生活用具，而擁有此杖者，則一切怨敵歸伏，無有敢與鬥諍著。穿著這雙鞋子，能在空中飛行無礙。」

那人聽了，想了想，就對它們說：「沒關係，你們到旁邊等一下，我來幫你們分配，保證你們不會再吵了。」兩個鬼就老老實實的退到一邊，沒想到那人抱著篋子，手中捉著杖子，將鞋穿在腳上，飛行在空中，大聲地對它們說：「你們不用再吵了，會讓你們爭吵的東西我帶走了！」。兩個鬼面面相覷，這下眞的不用再吵了。

《法苑珠林》卷六中，記載著一個賣鬼的故事。南陽有一個人叫宋定伯，年輕時有一次夜行時，遇到另一個夜行者。宋定伯問他是誰，他回答：「我是鬼，你是誰？」

「哦，我也是鬼。」宋定伯沉著地說。

「太好了，那我們可以一塊兒走，路上也有個伴。」鬼很高興地說著。

走了一段路之後，鬼抱怨道：「步行太慢了，不如我們輪流抬著對方走比較快。」

「好啊！」於是鬼先抬著定伯走。

「老友，你怎麼那麼重啊！你到底是不是鬼啊！」鬼氣喘噓噓地問著。

「是啊，但因爲我剛死不久，所以身體還很重。」定伯回答。

輪到定伯抬鬼時，果然感覺不到什麼重量。

「大哥，我剛死不久，還是個新鬼，不知道作鬼可有什麼禁忌，鬼最怕什麼？」定伯問道。

「鬼最不喜歡被人吐口水。」鬼回答。

走著走著，前面遇到一條河，定伯叫鬼先過去，鬼先渡河，一點聲音也沒有。

輪到定伯過河時，聲響很大，鬼又開始懷疑起來。定伯還是一口咬定因爲自己是新鬼，不諳渡河，以至如此。

過了河，快要到市集時，定伯將鬼抬著，快步疾走，鬼害怕的要下來，定伯反而緊緊捉住它。到了市集，鬼就變成一隻羊，定伯怕它變回去，就朝它吐了口水，還將羊賣了一千五百錢，小賺一筆。

⊙惡作劇的鬼

在經典中，常可看到比丘和鬼之間的互動。有些惡作劇的鬼，喜歡找人的麻煩，有時還眞令人困擾。

佛陀住世時，有比丘獨自住在憍薩羅國的深山裏。當時森林裏有女鬼，想引誘比丘，但是比丘不爲所動，女鬼惱羞成怒，恨恨地說：「你如果不答應我，我就讓你身敗名裂，永遠沒有信士供養你！」

「隨便你。」比丘不理她，自己睡覺去了。女鬼就趁比丘熟睡時，將他整個人抱起來，飛到王宮裏，將他放在王后床上。國王睡到半夜，覺得旁邊多了個人，厲聲問道：「是誰？」

比丘回答：「我是釋迦牟尼佛的弟子沙門。」比丘向國王說出自己被女鬼恐嚇的經過，還好國王是一個淨信的佛弟子，就放了他。

無獨有偶，另一個同樣是住在憍薩羅國深山的比丘，也是因爲不從女鬼的誘惑，而在熟睡時被女鬼放到酒家裏的酒甕。因此，佛陀後來就制戒，比丘不得入深山林中，空處、可畏處、無人處安住。

但是這些惡作劇的鬼如果遇到證道且具神通的聖僧，想欺負他們，有時會產生很嚴重的後果，視情節輕重而定。

有一次目犍連尊者趕夜路，有一個魔就跑到他肚子裏去。

「奇怪，怎麼肚子像在打雷一樣，叫得這麼大聲?」接著他又感到肚子脹得不得了，很不舒服。於是他入定觀察，這才發現肚子裏有一個搗蛋鬼。

「趕快出來，莫要擾亂如來及其弟子。」目犍連尊者像在哄小孩一樣，輕輕地對它說著。

那個魔被識破原形，就趕緊跑掉了。

另一個鬼就沒這麼幸運了。《增壹阿含經》卷四五，中記載著一個大力鬼惡作劇而引起嚴重後果的故事。

當時，佛陀與大比丘衆五百人在羅閱城迦蘭陀竹園弘化。有一天，舍利弗在靈鷲山，入於金剛三昧的甚深禪定。

這時，有兩位鬼王正好經過，遠遠的就看到舍利弗尊者結跏趺坐，新剃的光頭，閃閃發亮。其中有一位大力鬼王，爲了展現自己的神力，就想在舍利弗的光頭上試試拳頭。另一位鬼王認得舍利弗，知道他是佛陀聲聞弟子中，智慧第一的，具大威德，就勸他不要造次，但他硬是不聽，使盡全力一拳朝舍利弗頭上擊去。這時，天地大動，四面八方狂風暴雨湧至，地面裂開，惡鬼就這樣活活墮入地獄的雄雄火焰之中。

而舍利弗尊者從金剛三昧中出定，四周風平浪靜，一點也看不出方才發生了什麼事。舍利弗整一整衣服，到迦蘭陀竹園拜見佛陀。

佛陀問道：

「舍利弗！你現在身體有任何不適嗎？」

「佛陀！我的身體，一向沒什麼病痛，但是今天不知怎麼，有點兒頭痛。」

「舍利弗！這是因爲大力鬼王用手打你頭的緣故。平時這個大力鬼王以拳擊巨大的須彌山，都能令其分成二分，你卻毫髮無傷。」

「爲什麼舍利弗尊者並未受傷呢？」其他比丘好奇的問。

「這是因爲舍利弗入於金剛三昧的緣故。入於金剛三昧時，即使整座須彌山飛來打在頭上，也不能傷其分毫。」

看來，鬼王的力量雖大，有時還是會踢到鐵板。

修行的鬼

◎聽經的鬼

有的人崇拜鬼神，以爲鬼擁有許多人沒有的能力，其實，鬼神並不比人有智慧。雖然知道許多鬼神界的事，但是對生死及修行的事，也是和人類一樣迷惘。鬼界中也有許多修學佛法的善鬼。像在《雜阿含經》卷四十九裏，就曾記載畢陵伽鬼子母聽經的事蹟。

當時佛陀的弟子尊者阿那律陀，有一天在於摩竭提國遊行教化，晚上落腳的地方，剛好是在畢陵伽鬼子母的住處。阿那律陀尊者在夜後分時，端身正坐，開始誦經及諸上座所說偈、比丘尼所說偈等。

這時，畢陵伽鬼的孩子夜啼，畢陵伽鬼子母就轉身對鬼寶寶說：「乖，別哭哦，媽媽在聽尊者誦經說法。如果能了知法的眞義，就能從鬼神道中解脫了。」

鬼寶寶兩眼睜得大大的，看著鬼媽媽，果眞不哭也不吵了。

有一次，則是佛陀與弟子們在摩竭提國遊行教化，晚上所居住的地方，正是富那婆藪鬼子母的住處。夜晚時分，佛陀爲比丘們宣說苦、集、滅、道四聖諦，而富那婆藪鬼母及其鬼孩子們也都在一旁聽著。其中有兩個年紀較小的鬼寶寶，忽然間哭了起來，鬼媽媽連忙制止地說：「寶寶乖，別哭，我們正在聽佛陀說法呢。佛陀所說的法能讓你們解脫一切痛苦，這不是媽媽能教你們的。現在媽媽想專心聽法，你們要乖乖的哦！」寶寶們也眞的乖乖的不哭了。而富那婆藪鬼母也因聽聞四聖諦而悟道。

⊙佛陀遇到鬼

除了專程來向佛陀問法的鬼之外，佛陀有時偶而在荒郊野外也會碰到鬼。在《雜阿含經》卷四九，曾記載著佛陀遇到一群針口鬼的故事。

當時佛陀在摩竭提國遊行教化，晚上暫住的石窟，正好是一個針毛鬼王的住處。

所謂的針毛鬼，就是身上長滿了堅硬鋸利的鋼毛，沒有人可以接近它。但是這些銳利的鋼毛，會向內鑽向它自體，同時向外射，因此針毛鬼經常痛得像中箭的動物，恐怖驚狂地奔走。它以糞溺等不淨爲食物。

當佛陀時在針毛鬼的山洞裏時，針毛鬼還沒回到家，但早有其他的鬼跟它通風報信：「鬼王啊！你今天眞是福氣呢，如來大駕光臨您的住處。」

「哦？我們來試試他到底是不是『如來』。」這位針毛鬼並不是佛弟子，它回到洞裏，準備要讓如來好看。一回到洞裏，果眞看到如來寂靜地端坐在洞裏。這時針毛鬼豎起全身的剛毛，像隻鐵刺蝟般向佛陀衝過去。佛陀輕輕一側身就避過去了。針毛鬼不信邪，再衝一次，還是一樣，第三次，佛陀還是完全沒還手，只是避開。

「沙門，你怕了吧？」針毛鬼看佛陀不還手，兇惡地問著。

「聚落主，我不是怕你，但碰到你身上的毛不太舒服。」

針毛鬼語帶威嚇的說：「我現在問你幾個問題，你回答得讓我高興最好，如果我不高興，就撕裂你的胸膛，取出你的心臟，讓你血湧如噴泉，再把你丟到對岸去！」

佛陀平和地回答：「聚落主，無論是天神、魔王、梵天王，乃至人間，沒有能傷害如來的。你且問無妨，我當爲你說，令你歡喜。」

於是針毛鬼就問道：「一切貪心、瞋恚，是以何爲因呢？像我們這樣身毛豎立的恐怖從何而起呢？一切意念覺想，又是從何而起呢？」

佛陀回答：「一切皆是由於『渴愛』而生長，像樹林長成森林一樣。如果能了知此因，那麼鬼就能覺悟，度脫生死海。」

針毛鬼聽了十分歡喜，向佛悔過，並受三皈依，它的鬼徒衆們也都歡喜奉行。

⦿出家的鬼

除了信受佛法之外，經典中也記載著鬼出家的故事。在《增壹阿含經》卷十四中記載著殺人鬼王出家的故事。

佛陀在舍衛國祇樹給孤獨園安住說法的期間，拔祇國界有一個名爲毘沙的惡鬼，極爲兇暴，在國界殺人無量。它有時每天殺一人，或是二人，有時一天殺好幾十人，國內人心惶惶，大家計畫著要逃到他國去。

毘沙惡鬼聽到這個風聲，就告訴他們：「你們不必離開，因爲你們跑再遠，也逃不出我的手掌心。這樣吧，你們一天給我一個人吃，我就不濫殺無辜。」於是拔祇國的人民就每天找一個人當供品。惡鬼吃了人之後，將骸骨擲到山谷裏，經過一段時間，附近的山谷堆滿了白骨，非常駭人。

有一天，輪到善覺長者的孩子那優羅要當祭品。善覺長者是城裏數一數二的鉅富，只有一個寶貝兒子。他流著眼淚，雙手顫抖著爲孩子沐浴，換上新衣，帶到毘沙鬼王的祭祠。

「諸神啊！四大天王、帝釋天、梵天王，如來啊！我今至心皈命祈請，願您守護我的孩子，不要受到任何傷害啊！」善覺長者哭喊著對上天不斷的祈禱，心碎地留下那優羅離開。

這時，佛陀以天眼神通看到這個悲慘的情景，又以天耳聽到那優羅父母親悲傷的啼哭，於是佛陀即以神足通，立即出現在毘沙惡鬼的住處。這時毘沙惡鬼還沒回來，佛陀就進到鬼的住處，正身正意，結跏趺坐。

那優羅小朋友漸漸走近惡鬼住處，遠遠的看見如來在惡鬼住處發出無量光明，他又看到佛陀身相巍巍，無比莊嚴，心中十分歡喜。「如果他是毘沙惡鬼，就算被他吃了也甘願！」於是他一點也不害怕地走近佛陀身邊。

「你是鬼嗎？」那優羅天眞地問佛陀。

「不是，我是如來，要來救你，降伏這個惡鬼的。」佛陀慈祥地對那優羅說著。

那優羅聽了歡喜踊躍，來到佛陀身邊，以頭面頂禮佛足，在佛陀身旁坐下，感到十分安心。

這時，佛陀爲那優羅講說布施、持戒、生天等法。接著佛陀看他心意柔軟，對法要皆能了解順受，就進一步爲他解說四聖諦等解脫之法。小小年紀的那優羅，就在此時斷盡一切煩惱，證得法眼淨，同時他也皈依三寶，受五戒，成爲佛陀的弟子。

這時，毘沙惡鬼回來了，一看有人佔了他的住處，立刻憤怒地興起雷電霹靂，劈向如來，接著又從空中雨下刀劍，但卻都在未墮地之前就化爲蓮華。鬼王看了更加生氣，又從空中雨下巨山、大河，但是尙未墮地之時，卻都化作種種飲食。鬼王憤怒地化作大象，咆哮吼叫地衝向如來，佛陀立即化作師子王。於是鬼王則化爲衆多獅子撲向如來，如來立刻化作大火聚。鬼王越來越憤怒，就化七個頭的巨龍，口中吐出毒火，佛陀立即化爲專吃龍族的大鵬金翅鳥，雙翅一展開就遮住了海面。

這時，毘沙惡鬼心想：「這可不是普通的沙門，我使盡所有的神力，連他一根汗毛都動不了。必定是位大修行者，我應當來請問他深奧的義理。」

於是毘沙惡鬼就故作威嚇地問道：「本鬼王要問你深奧的義理，如果答不出來，我就把你扔到海裏去。」

「無論是天神、人類，乃至一切鬼神，從沒有人能把我扔到海上去的。你要問什麼就盡管問吧！」佛陀安詳地回答。

「好，我問你，什麼是故行？什麼是新行？何等是行滅？」

世尊回答：「像你現在有眼睛、耳朵、鼻子，這是故行，是往昔所造的業行，而有此身。」

「那什麼是新行？」

「現今你這個身所造的身、口、意三業，這就是新行。」

「什麼是行滅呢？」

「當故行滅盡，不再興起造作，永盡無餘，即是行滅。」

這時，毘沙惡鬼感到肚子餓了，就責問佛陀：「你爲什麼奪走我的食物呢？這個小孩是我的食物，你應該還給我！」

「往昔我未成道時，行菩薩行，有鴿子飛到我身邊請救護，我尙且不惜身命救它，更何況今日我成道時，卻將這個孩子送給你作食物？我不會把他交給你的。」世尊平靜地回答。「惡鬼，你忘了嗎？在迦葉佛時，你也曾作沙門，修持梵行，後來犯了戒，才投生成爲鬼。」佛陀提醒他。

由於善根成熟的緣故，毘沙惡鬼想起往昔出家修行的事，於是懺悔前罪，向佛陀頂禮，並將數千兩黃金及這座山谷供養佛陀及僧團。佛陀也授記他如此的功德，死後必生天上。

最後毘沙惡鬼也在佛陀座下出家，穿上出家人的袈裟，到城裏向大家如此宣布著：「佛陀以威神力度化毘沙惡鬼出家，並使那優羅這樣一個小孩悟道，大家應該趕緊去瞻禮供養才是！」城裏的居民爭相奔告這個奇事，好奇的民衆甚至將毘沙比圍得寸步難行。

善覺長者聽到這個消息，喜不自勝，帶著拔祇國界的人民都皈依了佛陀。這是毘沙惡鬼在佛陀座下出家的故事。

◉菩薩度化餓鬼

在《佛說觀三昧海經》卷二中，描寫菩薩從白毫放光度化餓鬼的情境。經中說：「菩薩復以白毫光擬，令魔眷屬身心安樂，譬如比丘入第三禪。餓鬼見白毛，毛端皆有百千萬億諸大菩薩，是諸菩薩亦入勝意慈心三昧，各以右手將左指頭，爪端生乳灑滅猛火，猛火滅已，即得清涼，自然飽滿，身心踊悅，發菩提心。

因是心故，捨餓鬼苦，是諸鬼等自見其身如似白玉，似琉璃山，似頗梨山，似黃金山，似馬瑙山，身諸毛孔似眞珠貫，眼目明淨似明月珠，身諸火焰如雜寶雲，所執刀杖似七寶臺。七寶臺內重鋪綩綖安置丹枕，左右自然有化梵王，見化菩薩坐於花臺，各各異說諸罪人報：「汝等前世坐作惡業故，獲如此可惡之形。」說是語時，是諸鬼神有發無上菩提心者，有種聲聞辟支佛因緣者，有於來世當生人天勝樂處者。」

這是說菩薩從眉心的白毫放出光明，度化一切餓鬼。當菩薩放光時，餓鬼看見菩薩的白毫毛端有百千萬億諸大菩薩，這些菩薩都入於勝意慈心三昧，從指端出生白乳，灑滅餓鬼口中的猛火。猛火滅已，餓鬼即得清涼，自然飽滿，身心踊悅，發起無上菩提心。由於它們發起此心的緣故，而捨離餓鬼的苦報，看見自身莊嚴相好，像白玉山、琉璃山、頗梨山、黃金山、馬瑙山，身體裏的毛孔都像眞珠貫穿一般，眼清目明，像明月珠一般。原本冒著的火焰，成爲雜色寶雲，手中所執的刀杖武器，變成像七寶臺一般。在這七寶臺內，有化菩薩坐於其中，爲它們開示此生得此惡身受苦的原因。這些鬼心生悔悟，有的就發起無上菩提心者，有的即證入聞辟支佛因緣，有的在來生將投生於人間天上等勝樂之處。

從經中種種的描述中，我們可以發現，大部份的鬼，被飢渴所苦，實在無暇與人類爲仇，而「人死爲鬼」的傳說，則多是對「死有中陰」的誤認，其實，鬼與其說是可怕，不如說是可憐，每天被饑渴所迫，倉惶奔走，沒有一時得以飽足。

一般人所認知，會擾亂人、吸人精氣的惡鬼，大多是夜叉、羅叉一類。我們於下一章中介紹。

第三章 腥風血雨——夜叉與羅叉

一般所說的鬼，除了如前所說的餓鬼道衆生之外，最常出現在小說中的恐怖鬼魅，就屬夜叉與羅剎了。

夜叉（梵文yaka），又作藥叉。意譯爲「捷疾」、「威德」等，他們是住在地面或空中的鬼類。在印度神話中，夜叉原來是一種半神的小精靈，在印度民間常祭祀夜叉以求福。

夜叉有哪些種類呢？《大智度論》卷十二中將夜叉分爲三種：「地行」、「虛空」及「宮殿飛行」等三種夜叉。地行夜叉，常得種種歡樂、音樂、飲食等；虛空夜叉，具有大力，可以在空中像風一般快速行走；宮殿飛行夜叉，有種種娛樂及便身之物。

在《別譯雜阿含經卷十五》中，就曾提到雪山夜叉和七岳夜叉，他們的王宮裏有諸多寶物，而且兩人約好，如果自己的王宮中有什麼奇珍異寶，一定要通知對方來共賞。有一次，雪山夜叉王得到一朵珍貴的千葉寶蓮花，像車輪那麼大，花莖是紺青色的琉璃，花鬚是金剛鑽所成。於是雪山夜叉就很得意的邀請七岳夜叉來看。當時佛陀正在王舍城竹林精舍弘化，屬於七岳夜叉的地盤，於是七岳夜叉就不甘示弱的告訴雪山夜叉其國中有「人寶」，不是世間的寶物可相比的。可見有福報的夜叉，其生活的種種享受，幾乎媲美天人。

在《藥師如來本願經》記載，有的衆生性情乖戾，好相鬥訟，彼此互起惡心，時時意圖加害對方，有時向林神、樹神、山神、塚神等禱告，或是殺戮畜生，取其血肉，祭祀一切夜叉、羅剎等食血肉者，以幫助其行惡；又書寫所怨者之名，並繪其形貌，成就種種毒害咒術、厭魅蠱道、起屍鬼咒等，欲斷送彼性命及壞損其健康。如果能得聞藥師琉璃光如來名號，即不受諸惡咒之傷損，而互起慈心、

地獄中刑囚罪人的羅叉

益心、無嫌恨心，各各歡悅，更相攝受。

夜叉中有兇惡的夜叉，經常侵擾人類，但是也有善良的夜叉，專門守護正法、護持修行者。

惱害人的夜叉，經常變化作種種形貌，如獅子、大象等等形貌，或是化作頭很大、身體很瘦小的怪物，或是青赤色的外形，或是只有腹赤，有時一頭兩面、三面、四面等，身上長滿粗毛，頭髮直豎像師子毛一般，或是一身二個頭，或是斷頭，或是只有一目，牙呈鋸齒突出，或是粗脣下垂……等等怪異形貌，使人非常怖畏。

羅刹（梵語rkasa），意思是「可

畏」、「速疾鬼」、「守護者」，是一種食肉的惡鬼，和夜叉相近的鬼類。

在《慧琳音義》說：「羅剎，此云惡鬼也。食人血肉，或飛空、或地行，捷疾可畏。」在印度神話中視其爲惡魔，最早見於梨俱吠陀。相傳「羅剎」原來是印度土著民族的名稱，在雅利安人征服印度後，遂成爲惡人之代名詞，演變到後來更成爲惡鬼的代名詞。

在《諸經集要》卷十六中，對羅剎有如下的描寫：「見有羅剎，身長一丈三尺，頭似黃蓑，眼如赤丁，舉體鱗甲，更互開口如魚鼓鰓，仰接飛燕，蹈地沒膝，口熱血流。」其中說羅剎身高約一丈三尺，眼睛佈滿紅絲，全身都是鱗甲，張開口時像魚鼓著鰓一樣，頭一抬、口一張，就能咬住空中的飛燕，口中流著鮮熱的血。

他們手中有時持矛戟和三歧戈，或是捉劍，或是捉鐵椎，或捉刀杖，經常揚聲大叫，使見者恐怖畏懼，生大驚懼，心意錯亂迷醉，夜叉則趁機食人精氣。

傳說男羅剎爲黑身、朱髮、綠眼，羅剎女則如絕美婦人，富有魅人之力，專食人之血肉。

在《僧伽羅剎所集經》卷三裏，也記載著佛陀遇到羅剎惡鬼的情形：「是時阿羅婆鬼聞彼褐陀披鬼語，瞋恚熾盛顏色變異，瞋恚火起眼如赤銅，聲響雷振無數瞋恚熾盛。搖頭齧脣振動身體。（中略）。是時阿羅披鬼喘息氣猶如火炎，視瞻極惡，便捨彼鬼界，瞋恚所纏絡，身體極黑，顏色變易不與常同。口出四牙，髮黃如金，上下相叉，人血污其形皆濕不乾。著師子皮、著象皮、著犛牛皮，大華鬘如大火炎，手執刀劍，撞地而行，皆破山岳，移山林拔樹，或起大雲曀覆大光明，以水灑虛空，聲如雷震，便自到住處欲得傷害世尊。種種樹木皆悉焚燒色變易，手執輪雷電霹靂，如是瞋恚觀察如來。」

其中描寫此羅刹鬼憤怒時，瞋恚的火焰生起，雙眼如燒紅的赤銅一般，發出聲響如雷振般的怒吼，搖頭齧脣，全身振動著，喘息所呼出的氣猶如火炎一般，露出兇惡的目光。它的口中長出四隻獠牙，頭髮黃如金色，上下相叉，身上沾滿人血淋漓。身披著師子皮、象皮、犛牛皮，手執刀劍，撞地而行，所到之處地動山搖，樹木也被連根拔起，興起大黑雲遮蓋日月大光明。

根據《佛本行集經》、《大唐西域記》等資料中記載，羅刹女國即是錫蘭島（楞伽島）。這個傳說，應該是源自印度古代之史詩《羅摩衍那》的故事。依據其中記載，故事中的男主角羅摩，曾經遠渡楞伽島（即今錫蘭島）討伐鬼王邏伐拏，救出被羅刹擄走的愛妃悉達。此外，也有說是因爲南印度住民原有噉食人肉的風俗，而被稱爲「羅刹國」。

著名的《入楞伽經》，那是佛陀入於楞伽島，爲羅刹王羅摩所宣說的。「楞伽」爲地名，即指今之錫蘭島。印度民族，自西北發展至於東南，錫蘭遠處於南海之中，波濤凶惡，不易進入，相傳其地爲羅刹所住之地。

羅剎國的傳說

在《大乘莊嚴寶王經》中，記載著傳說中的羅剎國。

以前有一個大商主，與五百商人想前往師子國貿易。船到師子國附近後，忽然遇到暴風巨浪，船都被打壞了，商人們漂墮海中，抱著浮物，才得以漂到岸上。

這時岸上有許多年輕的少女，看見落難的商人，趕緊拿來乾衣服給他們換上。

商人們驚魂甫定，就到樹下稍事休息，但是船也毀了，一無所有，也不知道未來怎麼辦。這時，女郎中有一位大姊，看起來像是少女們的首領，她來到商人面前說：「我們姊妹長年住在這個島上，都沒有丈夫，你們可願意做我們的丈夫嗎？此處有充足的飲食、衣服、庫藏，舒適的園林等，能讓你們衣食無虞。」商人們似乎也想不出更好的辦法，於是五百位商人各自跟著一位女郎回家。

少女中的首領，名叫囉底迦攬，她帶了大商主回到自己的住處，以各種上妙美味飲食，使他豐足飽滿，大商主感覺快樂無異於人間。在這裏生活，一切都很好。但是有一件事讓他一直懷疑著，那就是囉底迦攬打從一開始就一直叮嚀他，千萬不要到城的南邊去，那裏很危險。越是這樣，就越是讓他起疑。商主決定去探個究竟。

有一天夜裏，趁囉底迦攬沈睡時，商主拿著月光劍前往南走去，走了好一段路，看到前方有一座巨大的鐵城，他想進去察看，卻找不到入口甚至一個窗戶。鐵城旁邊正好有一棵高大的樹木，商主就爬到樹上，朝著鐵城內高聲叫喚。

「被關在裏面的是誰呢？」商主大聲問著。

鐵城內的人聽到外面有聲音，非常激動：「我們是航海的商人，被吃人的羅刹女囚禁在鐵城，她們先把我們養得白白胖胖的，再關在此處。她們每天都要吃掉一百個人。這個島正是羅刹女國啊！」商主聽得冷汗直流，急速地返回到羅刹女的住處。

他回到家時，囉底迦攬已經醒來了。「你去那裏了呢？怎麼滿身大汗？」她懷疑地問。

「沒什麼，我看到今晚月色很美，就到城外逛逛，不知不覺走遠了些。」商主含糊的回答。

「你沒到南邊那個危險的區域吧？」囉底迦攬突然問道。

「沒有。」商主趕緊上床休息。

第二天夜裏，商主又那座鐵監獄去，打聽到脫逃的方法。

在每月的十五日月圓之日，會有一匹巨大的白馬王，飛降在此地高山之頂，載著想離開的人飛渡大海，人稱「聖馬王」。

隔天一早，商主趕緊把其他商人約出城外，大家一段時間沒見了，相互說著自己的妻子多麼溫柔體貼，有人說：「她每天爲我準備各種上味飲食。」或有人說：「她爲我準備種種美好的衣服。」或有人說：「她每天爲我準備種種天冠、珥璫。」或有人說：「她每天以種種龍麝、旃檀妙香將家裏薰得好香。」

正當商人們相互比較時，大商主就告訴他們：「你們可知道，每天和你們共同生活的女人是什麼樣的人呢？她們都是吃人的羅刹女啊！」商人們一聽楞住了，商主就將城南禁區鐵監獄的事告訴他們，大家聽了無不毛骨悚然。商主也將聖馬王的事告訴他們。由於再過三天就是十五日，於是他們就約好三天後一起到聖馬王出理的地方，祈求聖馬王帶領他們離開師子國，回到故鄉。

第三天的清晨，商人們來了，爲了怕驚擾到聖馬王，他們先隱身在一旁。不一會兒，聖馬王果然出現了，它巨大的身軀飛降在地面，專心地吃著草，吃飽了之後，又在地上滾了滾身子，讓大地都震動了。之後它才舒服地起身。

「有誰要離開此地，到達安穩的地方？」突然間聖馬王發出如洪鐘般的聲音問道。

這時商人們趕緊上前，請求聖馬王帶他們離開此地。聖馬王以威嚴的雙眼注視著他們，說道：「無論聽到什麼聲音，發生什麼事，你們在途中千萬不要回頭！如果能盡捨一切恩愛，即使只有抓住我一根毛，也能安然度脫，如果心生愛戀，就算騎在我背上，也會跌落大海。」

於是商主和商人們都騎上馬背，升空準備離開。

這時，那些羅剎女忽然聽聞五百商人逃離的消息，急忙追趕到海邊，發出哀嚎苦切之聲，奔馳追逐，悲啼號哭。這時，商人們聽到聲音，都不禁回頭，看到所愛的妻子悲切的模樣，一失神，不自覺地就墜入海中，於是羅剎女就現出原形，爭相噉食其身肉。最後只有大商主一人意志堅定，沒有回頭，安然回到故鄉。

但是羅剎女並不放棄，她帶著一雙小兒女，追到商主的故事，一狀告到國王那，控訴商主對她們母子的無情無義。國王看她噙著淚，楚楚動人的模樣，也感到奇怪，誰會拋棄這麼可愛的女人呢？於是國王將商主召進宮，責問他。商主將實情告訴國王，國王還是半信半疑。

「這樣吧，如果你不要她們，就送給我。」國王色迷心竅，商主一再勸說都無效，只好告訴左右大臣要小心。

當天夜裏，國王和羅剎女共宿一處，一直到隔天早上用餐時間到了，都未出現。大臣們以爲國王享受了一夜，睡得晚一點也不奇怪。但是過了中午，內宮還是靜悄悄，也不見其他人出來，大臣們這才感到事有蹊蹺。但門緊緊關著，於是他們架上高梯，往宮內一看，只見死人骸骨堆滿好幾個房間，國王及宮內的夫人和宮女都被羅剎女吃了，羅剎女早已逃逸無蹤。

羅剎惡鬼雖然食人精氣，但是並不是每個人都會受到威脅。如果是力行十善，身、語、意業清淨者，鬼神是無法侵擾的。在《賢愚經》卷二裏，就有這麼一個故事。往昔有一位慈力王，他心地慈悲仁厚，常以十善教誨人民，因此百姓的身、語、意業清淨，鬼神無法近身侵擾，夜叉們也都沒有食物吃，長久下來快受不了了。有一天，五位夜叉來找慈力王，說明這個狀況，希望大王爲他們解決這個問題。

慈力王因爲哀愍他們的緣故，乃自刺身體五處，以鮮血供五夜叉飲之。國王並告訴五夜叉：「將來如果我成佛了，當以法身之戒、定、慧血，滅除彼等三毒諸欲，令得涅槃安穩之境。那個慈力王正是佛陀本生，而五夜叉則是佛陀成道後，首先聞法的五比丘。

地獄中的鬼卒夜叉

此外，也有說羅刹是地獄裏的獄卒，守門負責懲罰罪人。如《大智度論》中說：「惡羅刹獄卒作牛、馬等種種形，吞噉、齧嚙罪人。」《俱舍論》中則說：「琰魔王使諸邏刹娑，擲諸有情置地獄者。」它們有各種形狀，或牛頭人手，或具有牛蹄，或爲鹿頭、羊頭、兔頭等，力氣很大。有的首如牛頭，卻長著十隻耳朵，耳中又出生各種鐵箭，身上衝出猛熾的赤色烈燄，頭上長有十八隻利角。

在《地藏菩薩本願經》卷一裏，記載地藏菩薩本生爲婆羅門孝女時，爲了得知亡母的去處，至心向覺華定自在王如來祈請，而至地獄親眼目睹可怖的夜叉獄卒：「經一日一夜，忽見自身到一海邊，其水涌沸，多諸惡獸盡復鐵身，飛走海上東西馳逐。見諸男子女人百千萬數出沒海中，被諸惡獸爭取食噉。又見夜叉其形各異，或多手、多眼、多足、多頭，口牙外出，利刃如劍。驅諸罪人使近惡獸，復自搏攫頭足相就，其形萬類，不敢久視。」

經中描寫地獄的鬼卒夜叉，或是多手、多眼、多足、多頭，口牙外露，十分兇惡，手上拿著利刃刀劍，發出忿怒如雷的鉅吼，驅逐惡人，使他們貼近鐵製的各種惡獸，讓這些惡獸吞噉。有些則又親自博取罪人的頭手，相就凌遲，各種恐怖的手段，讓人不敢久視。

在《觀佛三昧海經》卷二中，對地獄的鬼卒夜叉有如是的描寫：「復有諸鬼首如狐頭，有十千眼。眼睫長大如霹靂炎，項上有口，口吐熾火。身上諸毛猶如劍樹。復有諸鬼倒住空中有十二腳，於其足跟有千刀輪。頭如太山，於其頭上五百劍樹，樹頭火起。復有諸鬼，婉轉腹行，負鐵圍山穹脊而至。復有諸鬼，一頸多頭，口有千舌，於其舌上生棘刺樹，毛鬣上衝，毛端雨血，吐刺疾走，騰空而至。」

經中描寫地獄夜叉，有的首如狐頭，有十千隻眼，眼上的睫毛十分長大，宛如霹靂火炎，而頸項上還有口，口中吐出烈火，身上的毛髮，猶如利劍一般。有的則是倒住空中，有十二隻腳，在足根之上有一千隻刀輪，頭如泰山一般，在頭上有五百棵劍樹，樹頭上有火燄生起。

有的則是婉轉用腹部爬行而走，身上負著大山。有的則是一頸多頭，口中有著千隻舌頭，在舌上生著棘刺樹，毛鬣上衝，毛端噴著血像下雨一般，吐刺疾走，騰空而至。

有的夜叉羅叉頭上長角且具多首

專吃小孩的女藥叉——鬼子母

在佛教中有一位很特別的藥叉護法——訶利帝母（梵名Hrti），又稱為「鬼子母」，她原本是一個專吃小孩的藥叉，但後來卻成為婦女生產時守護神。

說起訶帝利母的本生，有一段悲慘的故事。

在《根本說一切有部毗奈耶雜事》卷三十一中記載：訶帝利母的過去世為人時，本來是王舍城一個牧牛人的妻子，新婚不久她就懷孕了。

有一天，她拿著酪漿要去賣，途中遇到一群人正在歡樂的跳舞歡唱，原來是為了迎接即將遊行到城裏來的獨覺聖者，大家正在聚會慶祝著。

獨覺聖者是自己觀察外界變化而了悟實相者，並不是聽聞佛陀說法而開悟的。由於當時世間並沒有佛陀出世，因此人們對獨覺聖者猶如佛陀一般崇敬，正因其即將遊化到此地而聚會慶祝。這些人看到她，就熱情地招呼她一起來跳舞，雖然她有孕在身，但還是忍不不住加入一起高興的跳舞歡唱。

不一會兒，她感到腹部一陣劇痛，於是趕緊到一旁坐下來，鮮血淌到她的腳上，原來腹中的胎兒已經流產了。她悔恨地摑著自己的雙頰，但是一旁的人都沉浸在歡樂的氣氛裏，沒有人注意到發生了什麼事。

她勉強顫抖地站起來，用身上的酪漿換取了五百個菴沒羅果。當獨覺聖者來到此地時，她以此供養聖者；但是卻將供養的功德，許下了惡願，發願自己死後投生王舍城，將城裏人們所生的小孩都吃光光。

她死後，果然投生爲藥叉，住在王舍城附近，專門吃王舍城裏的幼兒。弄得王舍城人心惶惶，束手無策，不知道到底是什麼妖怪吃掉了孩子。後來經王舍城的護法神指示，大家才前去祈請佛陀救護。

訶帝利母有五百個孩子，其中她最疼愛最小的一個孩子。佛陀就趁訶帝利母不在家時，到她的住處去，只有她的五百個孩子在家。佛陀用將她最疼愛的小兒子蓋在鉢中，又運用神力，讓鉢裏的小朋友可以看見他哥哥們，但是他的哥哥們卻看不見他，這樣小兒子不會驚慌害怕。

不久之後，訶帝利母回來了，遍尋不見她的愛兒，立即驚慌地四處奔走尋覓，在城中遍找不著後，便搥胸悲泣，大聲號叫，幾近發狂；她甚至到層層地獄、天界尋找，她痛切迷亂、悲號啼泣。直到毗沙門天王指點，她才去請問佛陀。悲傷迷亂的訶帝利母，披頭散髮、神情憔悴的來找佛陀，祈求世尊讓她見她的小子愛兒。

佛陀就問她：「妳有多少個孩子呢？」

「世尊，我有五百個孩子。」

「這麼多孩子，少一個也無妨吧！」

「不不！」訶帝利母痛苦的呻吟著，「如果找不回我的愛子，我將會吐血而亡！」

「你僅僅失去五百個孩子中的一個，就如此悲痛欲狂，那些只有一個孩子，卻被妳吃掉幼兒的父母，又是會如何的痛苦呢？」佛陀反問她。

她楞了一下，回答道：「是的，他們的痛苦必然比我多好幾倍。」

訶利底母聽聞了佛陀的教誨，頓然悔悟，從此便皈依佛陀，不但不再危害世人，更發願守護衆生，成爲善良的護法神。

依《大藥叉女歡喜母並愛子成就法》記載，歡喜母皈依佛陀後，曾於佛前說自

鬼子母訶帝利

心陀羅尼，此陀羅尼有大威力，能除一切災難恐怖，若有受持此章句者，得歡喜母及諸眷屬常爲守護，令獲安樂，能滿一切心願。

但由於藥叉本來是以人的精氣爲食物，爲了擔心訶帝利母及她的孩子們沒有食物吃，佛陀也慈悲的交代他的出家弟子們，每次在接受眾生的供養時，都要記得設食一盤，供養訶帝利母和她的孩子們，讓他們得以飽食，永遠不受飢餓之苦。

以鬼子母神爲本尊，所修的法爲訶利帝母法，主祈求生產平安之修法。在日本，由於密教盛行，常爲祈求安產而奉祀訶利帝母像，因此訶梨帝母法頗爲流行。

守護佛法的夜叉

在佛教中有許多本尊和夜叉有著密切的關係。如毘沙門天王所統領的夜叉眾，負責守護忉利天等諸天及人間，受用種種歡樂，並具有威勢。

在《大方等大集經》卷五十二〈毘沙門天王品〉記載，毘沙門天王有無病、吉祥等十六位夜叉大臣、大力軍將，及因陀羅、蘇摩、婆樓那、伊奢那、阿吒薄拘等五十位夜叉軍將。當佛陀宣說《金光明最勝王經》時，毘沙門天王也帶領著庵婆、持庵、蓮花光藏、蓮花目、顰眉、現大怖、動地、吞食等三萬六千藥叉眾來參加法會。

經典中也常記載守護正法的夜叉。如《藥師如來本願經》載，宮毘羅、跋折羅等十二夜叉大將，發願守護《藥師如來本願經》受持者。

而在《陀羅尼集經》中則記載，達哩底囉瑟吒等十六大藥叉將，願護衛念誦「般若波羅蜜」者，也就是所謂的「般若十六善神」。

在《佛母大孔雀明王經》卷中記載著守護眾生的一髻羅刹女。她住在大海岸旁，以血氣香爲食，能於一夜中行八萬踰繕那之里程。常衛護處胎、初生，或已生的菩薩，並以佛母大孔雀明王眞言守護行者及其眷屬。

經典中，也有許多守護正法的羅刹，如《法華經》中就記載有藍婆等十羅刹女，誓言守護持誦《法華經》者。此外，《孔雀王咺經》卷下亦列有八大羅刹女、十大羅刹女、十二大羅刹女、七十一羅刹女等名。

在密教中，羅刹被列於胎藏界及金剛界曼荼羅外金剛部西南隅之天部，稱爲羅刹天，其左右共有四童子，右側二位爲羅刹童男、羅刹童女。

此外，藥叉和國土守護也有著密切的關係。例如，在《大毘婆沙論》中說，兩國交戰時，會由護國藥叉先行比鬥，《孔雀王咒經》中也記載著，鉤鉤孫陀等一九七名夜叉住於各國，守護國土，降伏怨敵。

據大日經疏卷五載，胎藏界曼荼羅外金剛部中，於北門置毘沙門天，其左右繪有摩尼跋陀羅、布嚕那跋陀羅、半只迦、沙多祈哩、醯摩多、毘灑迦、阿吒迦、半遮羅等夜叉八大將。

經典中著名的夜叉

在密教的法門中，有一個著名的修法稱為「鎮將夜叉法」，也就以「鎮將夜叉勝軍天王」為本尊而修的密法，是台密山門五大法之一。「鎮將夜叉勝軍天王」指的是毗沙門天王。這位天王統領一切夜叉誓言共同護持佛法，降伏不善心者，守護國王大臣及百官。因此，如果要祈求國境安全、退卻敵人時，經常修此鎮將夜叉法。

毘沙門天王是這個世界北方的守護神，率領無數夜叉、羅刹等二神衆守護人間。他是佛教的大護法，恆常守護道場，聽聞佛法，所以又稱為「多聞天」，同時具有戰神和財神的特質而受到尊崇。其一般之形像呈神王形，腳踏二鬼，左手持寶塔，右手捧寶棒。

「鎮將夜叉法」出自《北方毗沙門天王隨軍護法儀軌》：

「爾時那吒太子手捧戟，以惡言見四方白佛言：『我是北方天王吠室羅摩那羅闍第三王子其第二之孫，我祖父天王，及我那吒同共每日三度白佛言：我護持佛法，欲攝縛惡人或起不善之心，我晝夜守護國王大臣及百官僚，相與殺害打陵，如是之輩者，我等那吒以金剛杖刺其眼及其心，若為比丘、比丘尼、優婆塞、優婆夷起不善心及殺害心者，亦以金剛棒打其頭。」

那吒太子是毘沙門天王五太子之一，但也有說是其孫子。如果有侵陵國土的惡人，他就會以金剛杖刺其眼及其心，如果有傷害淨信佛弟子者，其則以金剛棒打其頭。

⊙八大夜叉

在《攝大儀軌》卷二、《大日疏經》卷五中，記載著毘沙門手下的八大夜叉，又稱「夜叉八大將」或「毘沙門八兄弟」。即：⑴摩尼跋陀羅，即寶賢。⑵布嚕那跋陀羅，即滿賢。⑶半只迦，即密主、密身。⑷娑多祁哩，即威神、衆德。⑸醯摩多，住雪山者，即應念。⑹毘灑迦，即大滿、持法。⑺阿吒迦，即無比力、無比身。⑻半遮羅，即密嚴。

⊙十大藥叉與十六夜叉神

《轉法輪菩薩摧魔怨敵法》中列舉十大藥叉、三龍王、三天后爲十六大護。其中的十大藥叉爲：⑴毘首羯磨，⑵劫比羅，⑶法護，⑷肩目，⑸廣目，⑹護軍，⑺珠賢，⑻滿賢，⑼持明，⑽阿吒縛俱，以上爲十大藥叉，或稱十護、十大護。

十六夜叉神是指守護《般若經》及其持誦者之十六尊夜叉善神。又稱爲「般若十六善神」。據《陀羅尼集經》卷三所載之十六善神，即：⑴提頭賴吒神王，⑵禁毘嚕神王，⑶跋折嚕神王，⑷迦毘嚕神王，⑸咩嚕神王，⑹鈍徒毘神王，⑺阿嚕神王，⑻娑嚕神王，⑼印陀嚕神王，⑽婆姨嚕神王，⑾摩休嚕神王，⑿鳩毘嚕神王，⒀眞陀嚕神王，⒁跋吒徒嚕神王，⒂尾迦嚕神王，⒃俱鞞嚕神王。

⊙金剛夜叉明王

在諸尊憤怒明王本尊中，也有化現爲夜叉的。如金剛夜叉明王，即是密教五大明王之一，爲北方不空成就如來之教令輪身。

因其能噉食一切惡業之衆生，所以又稱爲「金剛焰口」；因其身爲黑色，故稱爲「大黑」；因其能呑盡惡有情，故又稱爲「金剛盡」。其形像爲身青黑色，呈忿怒相，三面六臂，頭上有馬王之髻，正面有五目，左、右二面各有三目，三面皆開口；右方之第一手執五股杵，第二手執箭，第三手持劍；左方之第一手執五股鈴，第二手持弓，第三手持金輪，立左足，舉右足，二足下皆踏蓮，以珠寶嚴飾遍身，火焰燃如劫火。

金剛夜叉明王

◉藥師佛的十二藥叉神將

藥師佛的十二藥叉神將，也是常見的藥叉護法。又被稱為：十二神王、十二神將、十二藥叉大將，它們是藥師佛的眷屬，也就是守護誦持《藥師經》的十二夜叉神將。

這十二藥叉神將，每一神將都各自擁有七千藥叉眷屬，所以共為八萬四千護法神。他們分別是：

一、宮毘羅，意譯為極畏。身呈黃色，手持寶杵，以彌勒菩薩為本地。

二、伐折羅，意譯為金剛。身呈白色，手持寶劍，以大勢至菩薩為本地。

三、迷企羅，意譯為執嚴。身呈黃色，手持寶棒或獨鈷，以阿彌陀佛為本地。

四、安底羅，意譯為執星。身呈綠色，手持寶鎚或寶珠，以觀音菩薩為本地。

五、頞爾羅，意譯為執風。身呈紅色，手持寶叉或矢，以摩利支菩薩為本地。

六、珊底羅，意譯為居處。身呈煙色，手持寶劍或螺貝，以虛空藏菩薩為本地。

藥師十二藥叉神將

七、因達羅，意譯爲執力。身呈紅色，手持寶棍或鉾，以地藏菩薩爲本地。

八、波夷羅，意譯爲執飲。身呈紅色，手持寶鎚或弓矢，以文殊菩薩爲本地。

九、摩虎羅，意譯爲執言。身呈白色，手持寶斧，以藥師佛爲本地。

十、眞達羅，意譯爲執想。身呈黃色，手持索或寶棒，以普賢菩薩爲本地。

十一、招度羅，意譯爲執動。身呈青色，手持寶鎚，以金剛手菩薩爲本地。

十二、毘羯羅，意譯爲圓作。身呈紅色，手持寶輪或三鈷，以釋迦牟尼佛爲本地。

有說十二神將於晝夜十二時、四季十二個月輪流守護衆生。如果以十二地支逆配十二神將，則宮毘羅屬亥，伐折羅屬戌，招度羅屬丑，毘羯羅屬子等。

一切鬼神之王——曠野藥叉大元帥明王

大元帥明王（梵名Āṭavika），梵名音譯作「阿吒迦」，意思是「居住在森林中」或是「森林之王」的意思，因此又被稱為「曠野神」或是「曠野藥叉」，是十六尊著名的藥叉大將之一。在《起世經》中則說其為毗沙門天王的眷屬，在密教中稱之為「大元帥明王」，也就是鬼神之王，能平息一切障難，是守護國土的藥叉神。

大元帥明王的形象非常駭人，但經中說他是「身現惡相，心作大悲」。根據經典記載，大元帥明王身現黑青色，身長約六尺，有四面八臂。其中，左、右、頭上等三面各有三眼。在八臂之中，除左、右的第三手當胸結供養印之外，由左第一手開始，依序分別執持輪、槊、索、跋折羅、棒、刀等武器，手節腕臂上皆纏著蛇，二腳分別踏一藥叉，相貌極為兇惡。而《觀佛三昧海經》卷二中也提到，此尊形象為：「一頸六頭，胸有六面，膝頭兩面，舉體生毛，狀如箭鏃，奮身射人，張眼焰赤，血出流下。」即有六頭，胸部也有六面，膝蓋的頭有兩面，全身長滿了像箭鏃一樣銳利的毛。除了這些形象之外，另有六面八臂，及一面四臂等形像。

大元帥明王出現的因緣，依據《阿吒婆拘鬼神大將上佛陀羅尼經》中記載：當時，佛陀在王舍城迦蘭陀竹林中說法弘化的時期，王舍城裏有一個比丘，財物、衣服爲盜賊所劫，又被爲蛇所螫，被鬼所侵嬈，口吐白沫倒在地上，非常痛苦。這時鬼神大將阿吒婆拘看到這個比丘受到這種種苦，心中非常不忍，就前往佛陀住處，自告奮勇的向佛陀獻上極嚴惡咒，來降伏一切鬼神。經中記載著：「世尊！以降伏一切極惡諸鬼神等，我今憐愍一切眾生故，爲降伏一切諸惡鬼神及一切惡人惡毒等故，上佛世尊極嚴惡咒，以用降伏諸鬼神等。若有讀誦是咒之者，其人威德乃至力能降伏梵天，何況餘惡！」

本來佛陀並不接受，因爲擔心此咒太過威猛，會傷害其他人、非人等衆生。但是阿吒婆拘以末世惡鬼增盛、惡人衆多，殷重勸請佛陀允許其宣說此咒。經中說：「世尊！後惡世之中，惡鬼增盛、惡人眾多，惡毒蟲獸侵害眾生。或値諸難，所謂王、賊、水、火、刀、兵，恐畏、怨憎、惡鬼等難。若佛弟子出家、在家，若住寂靜乞食道人，塚間樹下四部等眾，若行曠野山林道中，若在城邑村里巷陌。當爲救

一切鬼神之王——曠野藥叉大元帥明王

護，不令遇惡。世尊慈矜願垂納受，善逝世尊願垂顧錄！」由於後世惡鬼增盛、惡人衆多、惡毒蟲獸侵害衆生，加上政治、水災、火災、戰爭、殺戮等災難，因此大元帥明王就稟報佛陀，自己發願護持在野外林間及城邑村里的修行者，作爲其護法，使其不遇到以上種種災難。由於其殷重的祈請，佛陀才默然受之。

另於《阿吒薄倶元帥大將上佛陀羅尼經修行儀軌》卷中也記載著大元帥明王往昔發心因緣。他往昔曾在空王如來身邊修學菩薩行。如來滅度之後，由於衆生福報淺薄，接連三年都發生嚴重的旱災，國內到處都看見無數飢渴交迫的災民倒在路上。

當時，大元帥明王是城裏的鉅富居士，但當他看到這種慘況之後，心中非常不忍，於是換上破舊的衣物，爲災民擔水，佈施飲食，救護災民。如此持續了六十年，救人無數。但由於天災非常嚴重，而使得盜賊四起。有一天，居士被一群狂賊捉起來，捆住手足，要他交出財物。但他已將所有的錢財佈施殆盡，實在沒有任何東西了。盜賊不相信，威脅著要取他性命。居士自知恐怕難逃一死，於是向盜賊提出最後一個請求：「請你們將我手腳鬆開，讓我在臨死前可以頂禮十方，皈命三寶，反正我年紀這麼大，也不可能逃走。」

盜賊心想反正他也逃不掉，於是爲他鬆綁。居士非常歡喜，禮敬十方之後，當著上天大聲說著：「十方賢聖啊！您當證知我是無辜而遭此罪！」話聲未落，天地忽然間產生了大震動，十方諸佛菩薩雲集，那些賊人被嚇得悶絕倒地。居士因爲慈悲這些盜賊，不願讓他們造下殺生的罪業，就將執刑者的刀一把抓來，引頸自刎。

在他臨終之時，他發願說：「祈願一切賢聖證知：今天我無辜橫死，願我捨此報身，來生當作大力勇猛之神，威伏無量無邊惡賊惡人，摧破極惡天魔鬼神。倘若未來十方世界衆生，有冤枉橫死者，我皆救護之，使其安穩。」說完之後，他便斷氣了。由於這個誓願，來生他便投胎爲夜叉鬼王，即大元帥明王，守護一切衆生遠離一切盜賊惡人，是一切鬼神中最尊最上，所以又被稱爲「元帥鬼神大將」。

而在《阿吒薄俱元帥大將上佛陀羅尼經修行儀軌》中，也記載著佛陀咐囑大元帥明王護法的因緣：當佛即將涅槃時，諸魔鬼神等，得知此事，就開始大肆擾亂。大元帥明王知道了，非常憤怒，就召集一切天、龍等八部鬼神衆等，一起來到佛陀住處，請佛住世，並請佛陀允許其以神咒守護衆生。

經中大元帥明王向佛陀稟告：「世尊！我恐世尊滅後百劫之中，佛法漸滅、菩薩不見，金剛隨於快樂清淨之處，眾生福薄，魔魅增盛，國王無威德，王子臣民無有快樂。侵嬈眾生，或吸精氣、噉血肉，或令眾生中天處於母胎而死。當此之時，我能晝夜不離，護持一切生死眾生離其溺惱。

世尊！我身現惡相，心作大悲。如彼國王養人無異。若佛子在在處處，或於塔中廟中山林道中曠野之中，誓當憐愍擁護，不令遇惡。世尊知我志，受我等神咒。」

佛言：『如是，為後千劫之中，護我法藏不可思議大事，當為後世諸眾生善說神咒。』爾時百億大帥，同心於佛前頂禮世尊雙足，在一面立，而說阿吒薄拘大元卒無邊神力甘露咒。」

佛陀就也贊歎大元帥明王是諸神中最為上首，威力奇特不可思議，在佛陀滅度後，能守護正法住世，並守護眾生遠離一切苦難，安心修行的大護法。

一般多視此尊為消除惡獸及水火刀兵等障難，鎮護國土與眾生之護法神。日本台密頗重視此尊，每於修鎮護國家之祕法時，以之為主尊，其修法稱為大元帥法。

鬼神大將——僧慎爾耶大藥叉

阿吒婆拘爾大將（梵名samjñeya），又被稱爲「僧慎爾耶大藥叉」、「散脂大將」等等，意思是「正確的了知」。

在《金光明最勝王經》中，阿吒婆拘爾大將曾經佛前自己說爲什麼自己會有此名：「世尊！何故我名『正了知』？此之因緣是佛親證，我知諸法，我曉一切法，隨所有一切法，如所有一切法，諸法種類體性差別，世尊，如是諸法我能了知，我有難思智光，我有難思智炬，我有難思智行，我有難思智聚，我於難思智境而能通達。世尊，如我於一切法，正知正曉正覺能正觀察，世尊，以是因緣我藥叉大將名『正了知』。」

因爲這位藥叉對於一切法，都能正知、正曉、正覺，能正確的觀察，因此名爲「正了知」。

阿吒婆拘爾大將爲北方毗沙門天王八大將之一，又名半只迦（Pāñcika）。有說他是鬼子母訶帝利的次子，父名德叉迦，也有說他是鬼子母的丈夫。

在《觀佛三昧海經》中記載，阿吒婆拘爾大將的外形非常醜惡可怖，胸部有三面，臍有兩面，兩膝有兩面，其面如象，獠牙似犬，眼中出火，火焰向下溢流。

他同時也是二十八部藥叉的統領，護持佛法不遺餘力，經常率領其部眾眷屬，參與法會，護持正法行人及守護諸佛法。在《金光明最勝至經》中並說，此經流布之處，阿吒婆拘爾大將與其二十八部藥叉諸神，且能使說法師言詞辯了，具足莊嚴，也能守護行者身力充足，威神勇健，諸根安樂，常生歡喜等等殊勝利益。聽法及受持此經者，也會蒙其救護攝受，令無災橫離苦得樂。

第四章 恐怖極限——地獄

地獄，可以說是生命最恐怖、最痛苦極致的代名詞。到底什麼是地獄？地獄在那裏？地獄的景相如何？地獄裏眞的有閻羅王嗎？在這個單元裏，我們將深入介紹神秘的地獄實錄。

地獄（梵naraka），梵語稱爲「捺落迦」，又稱爲「泥黎」，爲六道中的一途，造下嚴重惡業的衆生，受業力驅使，而投生到地獄道受苦。

《大毗婆沙論》卷一七二說「捺落迦」有：壞喜樂、無歸趣、無救濟、苦器、卑下、顚墜等意義，而《玄應音義》卷二十四則說其有：不可樂、不可救濟、闇冥、地獄等四種意義。

有多少個地獄呢？在《俱舍論》卷十一、《瑜伽師地論》卷四中說，地獄有八熱地獄、八寒地獄、孤地獄 三種。

一般常說的「十八層地獄」，是指衆多地獄中的主要的十八個地獄，也就是「八熱地獄」與「十寒地獄」，並不是說只有十八個地獄。

所謂的八熱地獄，是指八種具有燄熱苦毒的地獄，也稱爲「八大地獄」，分別是：一、等活地獄，二、黑繩地獄，三、衆生地獄，四、叫喚地獄，五、大叫喚地獄，六、焦熱地獄，七、大焦熱地獄及八、無間地獄（阿鼻）地獄等八大地獄。《增一阿含經》中說，這八大地獄又各有十六個附屬的小地獄，加起來共有一三六個地獄。

而十寒地獄，或是分成八寒地獄，投生於其中的有情衆生，受到嚴寒的苦迫，十分的痛苦。十寒地獄包含了一、厚雲地獄，二、無雲地獄，三、呵呵地獄，四、奈何地獄，五、羊鳴地獄，六、須乾提地獄，七、優鉢羅地獄，八、拘物頭地獄，九、分陀利地獄，十、鉢頭摩地獄等十座甚於寒冰的地獄。

這些地獄有些是以罪人的皮膚被寒風吹成卷縮狀態而定名，或是被寒風吹襲得

正在烹煮罪人的地獄獄卒

受不了，口舌麻痺發出怪異的呻吟聲，或是皮肉被凍傷爛如蓮華一般而形成地獄的名稱。

除了八大地獄和十寒地獄之外，又有所謂的「孤地獄」又稱「獨一地獄」、「邊地獄」。其設於特定的區域，或在江河附近，或散在山間、曠野、地下、空中等處。

孤地獄又稱獨一地獄、邊地獄。設於特定的區域，或在江河附近，或散在山間、曠野、地下、空中等處。

地獄的數量到底有多少？經論中的說法各有不同。上述所說的八大地獄和十寒地獄是主要的地獄，例如《長阿含經》卷十九、《起世經》卷三說除了八熱地獄之外，還有頞浮陀、泥羅浮陀二地獄，總共是十地獄。關於八熱地獄的十六個眷屬地獄的名稱。

在《長阿含經》中說整個八熱地獄有十六個地獄，即黑沙、沸屎、五百釘、飢、渴、一銅釜、多銅釜、石磨、膿血、量火、灰河、鐵丸、釿斧、豺狼、劍樹、寒冰等地獄；《增一阿含經》卷三十六〈八難品〉說此十六地獄爲優鉢、鉢頭、拘牟頭、分陀利、未曾有、永無、愚惑、縮聚、刀山、湯灰、火山、灰狗、荊棘、沸屎、劍樹、熱鐵丸。

又《大智度論》卷十六是以炭坑等八炎火地獄和頞浮陀等八寒冰地獄，當作十六個眷屬小地獄；還有《正法念處經》卷五以下〈地獄品〉說八大地獄各有不同的十六個附屬小地獄。

《觀佛三昧經》卷五亦與其他諸經論的說法不同。該經將地獄分爲阿鼻、寒、黑闇、小熱、刀輪、劍輪、火車、沸屎、鑊湯、灰河、鐵窟、鐵丸、尖石、飲銅等地獄，各地獄中有十八個區域。此外還有五百億劍林、刺林、銅柱、鐵機、鐵輞等地獄。

由於地獄是相應於衆生的惡業而產生，而衆生的心念時時在變化著，因此地獄並沒有一定的數量，但幾個主要的地獄不會有太大的差異。

地獄在那裏？

地獄的位置，據說是在閻浮提世界邊緣，大鐵圍山所圍繞的大海底。

在佛教的世界觀中，以須彌山爲中心，其週圍有七山八海的圍繞，最外側的山由鐵所成，所以名爲鐵圍山。

須彌山的周圍繞有七座金山，在七金山與須彌山中有七座海，充滿八功德水。七金山外則隔著鹹海，有鐵圍山圍繞，鹹海中有東勝身洲、南閻浮提洲、西牛貨洲、北鬱單越洲等四大洲，這就是所謂的須彌四洲。而我們則居於南閻浮提洲。

而在鐵圍山之外，又有一種大鐵圍山圍繞，在這兩座山之間的區域，十分黑暗，沒有光明，太陽和月亮都無法照於此地。而在兩座鐵圍山間，有著八大地獄。

《俱舍論》等記述，在閻浮洲之下過二萬由旬處，有無間地獄，其縱、廣、深各二萬由旬。於其中之一萬九千由旬中，有其餘七個相重疊的地獄，上狹下方廣。

根據《長阿含經》所說，八熱地獄、十地獄、閻魔王所皆是在兩重鐵圍山內日月光不及的冥闇處。此地有毒風，如果不是有鐵圍山遮擋，這些毒風就會吹到四天下及人間，果眞如此的話，那麼山河、江海、草木、衆生都會焦枯。

《順正理論》中只有八熱地獄的方位是與《俱舍論》相同，此外，認爲八寒地獄是在鐵圍山之外的極冥闇處，孤地獄是散在閻浮洲中的河邊、山間、曠野、地下、虛空等處，還有少部份是在東、西、北三洲。又有一說，北洲不僅沒有大地獄，甚至連孤地獄也沒有。

根據《瑜伽師地論》的說法，在閻浮洲的底下，三萬二千由旬深度的地方，有等活地獄，其餘七個地獄按順序排列於其下，各深四千由旬。八寒地獄也同樣是在閻浮洲下三萬由旬處。第一個是寒地獄，其餘七個地獄位於其下，各深二千由旬。此種說法與《俱舍論》的說法相比，雖然在數量上有所不同，不過方位在閻浮洲下卻是一致的。

在鐵圍山外有三重大海，稱爲「業海」，這大海的海水，和平常的海水不同，它的海水上湧沸騰，直冒著水泡。在大海之中，還有各種的鐵惡獸，牠們飛走在海上，快速的疾馳追逐。大海中有百千萬的男男女女，載浮載沉地出沒在大海中，被惡獸們爭相噉食，還有許多令人怖畏的夜叉，將罪人驅趕到惡獸身邊。

相傳這些海中的男女，都是生前造了極重的惡業，如果在死後四十九天之內，都沒有親友或子嗣爲他廣作功德，以救拔苦難，而他自己生前又沒有種下其他善因，因此只有依著生前所造的惡業，而投生於所感應的地獄之中。在要前往地獄之前，會先度過這個大海，在業海中翻騰受苦。這些都是由身、語、意三種業力的惡因，所招感而成的。這個業海，可以說是名符其實的「苦海」。

在三個業海之內，就是諸大地獄。其實地獄有百千種類，並有各自的差別。而其中主要的大地獄，共有十八種，其次附屬的又有五百種，苦毒無量，再次有千百種，也是具有無量的痛苦，無法窮盡詳說。

地獄的管轄者——閻摩王

衆多的地獄由誰來管理呢？相傳閻魔王（梵Yama-rāja）正是地獄的管轄者。

閻摩原是吠陀時代的夜摩（Yama）神，傳說他是人間第一個死亡的人，開啓幽冥之路，能引導死者到達樂土，與諸天共享福德。然而由於人類生性畏懼死亡，因此，到後世，其神格遂轉爲巡邏世界，及裁判亡人善惡的地獄主。而一般印度人也都相傳亡者的靈魂，必須到閻魔王的法庭前，稱量罪業輕重，再決定刑罰。在密教，稱此閻魔王爲「焰摩天」，屬於天神，但兩者的形貌大不相同。

閻摩王之說傳入中國之後，與道教及民間信仰混融，而產生了「十殿閻王」之說。在秦廣王、初江王等十王中，閻摩王列於第五位。傳說其本地是地藏菩薩。亡者於死後的第五個七日，被帶到閻羅王殿前，以判定其罪業之輕重。

根據《十王經》所記載，閻摩王的王宮有光明王院及善名稱院，光明王院的中央有「業鏡」，亡者站到鏡子前面時，生前所有的善惡業都會在鏡中顯現，業果難逃。而善名稱院則是地藏菩薩及其眷屬所住之處。

在《起世經》中說，閻摩王的宮殿在閻浮洲南二鐵圍山外，面積有六千由旬，有七重牆壁、七重欄楯、七重鈴網圍繞。在其外七重多羅行樹周匝圍繞，爲各色七寶所構成。在王宮的四方都有門，能看見臺殿、園苑、華池，樹上結了種種美好的果實。香風遠薰，衆鳥和鳴。閻摩王就住在這樣的寶殿裏。

一般人只看到閻摩王威嚴的樣子，但是在佛經中記載，每天到了特定的時刻，他也必須和地獄衆生一樣受刑。在《長阿含經》卷十九中記載：

「閻浮提南大金剛山內，有閻羅王宮，王所治處縱廣六千由旬，其城七重，七重欄楯，七重羅網，七重行樹，乃至無數衆鳥相和悲鳴，亦復如是。然彼閻羅王，晝夜三時有大銅鑊自然在前；若鑊出宮內，王見畏怖捨出宮外；若鑊出宮外，王見畏怖捨入宮內。有大獄卒捉閻羅王臥熱鐵上，以鐵鉤擗口使開，洋銅灌之，燒其脣舌，從咽至腹，通徹下過無不燋爛。受罪訖已，復與諸婇女共相娛樂。彼諸大臣，同受福者，亦復如是。」

每天早晚各有三個時刻，閻摩王的王宮前會自然出現大銅鑊，有時出現在王宮內，有時出現在王宮外。在這個刑具出現之前，閻羅王的寶宮殿會忽然間變成癡鐵般，種種五欲享樂完全消失不見。無論閻摩王如何害怕閃躲，都會有巨大的獄卒捉著他，將他高高舉起再摔在燒熱的鐵上，並用鐵撬開他的嘴，灌入滾燙的銅汁，從咽喉到腹部，再從下體流出，所經過的部位無不燋爛。

閻摩王受到這種生不如死的刑求，心中對生死輪迴產生了極大的恐怖，希望能捨離五欲，出家修行，斷除輪迴。當他生起此心念時，刑具和獄卒都消失了，他的王宮也回復成原來的寶宮殿，身體完好如初。受罪之後，又可與大臣們共享福樂。

有說閻摩王是餓鬼界的大鬼王，也有說他是地獄中自然的化現，來教誨罪人的。也有說他是菩薩所化現來教化惡性眾生的。如《瑜伽師地論》卷五八中說：「是故焰摩由能饒益諸眾生故，名爲法王，若諸眾生生那落迦，憶宿命者，焰摩法王更不教誨，若有生已，不憶宿命，王便教誨。」在《大乘大集地藏十輪經》及《大方廣十輪經》則說，地藏菩薩以不可思議堅固誓願力，化爲種種禽獸身、剡魔王身、地獄卒身、地獄諸有情身而濟度眾生。又據古本《十王經》所說，此閻魔王之本地即是地藏菩薩，未來當成佛。

除了閻摩王之外，還有地獄十八王，主領十八地獄：一、「迦延」主管泥犁地獄，二、「屈遵」主管刀山地獄，三、「沸進壽」主管沸沙地獄，四、「沸」主管沸屎地獄，五、「迦世」主管黑耳地獄，六、「嵯」主管火車地獄。七、「湯謂」主管鑊湯地獄，八、「鐵迦然」主管鐵床地獄，九、「惡生」主管山地獄，十、寒地獄（經中闕王名），十一、「毘迦」主管剝皮地獄，十二、「遙頭」主管畜生地獄，十三、「提薄」主管刀兵地獄，十四、「夷大」鐵磨地獄，十五、「悅頭」主管水地獄，十六、鐵地獄（經中闕王名），十七、「身」主管蟲地獄，十八、「觀身」主管洋銅地獄。

地獄的管轄者——閻摩王

十殿閻王的傳說

此外，在中國唐代之後，民間流轉著「十殿閻王」的說法，也就是指地獄有十位判官，裁斷亡者罪業的輕重。

這十王爲：秦廣王、初（楚）江王、宋帝王、五官王、閻羅王、變成王、太山王、平等王、都市王、五道轉輪王等十人。相傳亡者於死後初七日，乃至其後的七七日、百日、一週年、三週年，將依次被帶到各王面前，任其裁斷罪業，決定次世生處。

1.秦廣王

爲冥界十王之第一王，掌理亡者在冥途初七日間之事。相傳人死後，會先被帶到此地，以衡量生前罪業輕重。在中中祖統紀》卷三十三引《夷堅志》的記載：「南劍陳生既死，其弟之女見二鬼導至宮殿曰秦廣王也。王謂女曰：欲救伯苦，可轉八師經，女寤家人來得經，請僧誦千遍，弟夢兄來謝曰：已獲生天。」陳南劍死時，其弟之女看見有兩個鬼帶他到地府秦廣王的宮殿。秦廣王對此女說，如果要救陳離苦，可以請人來誦輕。此女醒後告訴家人，家人請僧人來誦經千遍，後來就夢見陳來道謝，並說因此功德，已投生天上。

2.初江王

冥界十王之第二王，相傳他的王宮位於罪人最初所度之河三途河附近而有此名，又稱楚江王，爲監視亡者渡河的冥官。相傳人死之後，中陰身於二七日（死後第二個「七日」），會來到此王宮殿。其間必須經過三途河（又稱爲「奈河」），在河畔的衣領樹下，有一位老婆婆，稱爲「脫衣婆」，等亡者來寺，即剝取亡人之衣，交給她身邊的老公公「懸衣翁」，將之懸於樹枝，以此來測量死者罪業的輕重。如果罪重時則樹枝垂下，這時就會有「引路牛頭」及「催行馬頭」兩鬼即押解其往王廳審判。

3.宋帝王

冥界十王之第三王，傳說此王爲治人邪淫之罪的冥官。亡者在冥途中，於第三個七日至位於三江岸上之此王大殿，殿前惡貓群集，大蛇並出繫縛其身，使其承受諸苦。此王所轄冥界第三殿，位於大海底東南沃焦石下，附近有黑繩大地獄。

4.五官王

冥界十王之第四王，傳說爲治衆生妄語罪的冥官。在《地藏菩薩發心因緣十王經》中說，在五官王的王殿左右各有一舍，左舍秤量業力輕重，右舍勘錄。而隨其惡業重者生地獄，中者生爲餓鬼，輕者生爲畜生。

而在《經律異相》卷四十九中則引《淨度三昧經》的的說法：「五官者，⑴鮮官禁殺、⑵水官禁盜、⑶鐵官禁淫、⑷土官禁兩舌、⑸天官禁酒。」而說五官原稱鮮官、水官、鐵官、土官、天官，被認爲是制殺、盜、淫、兩舌、飲酒五惡的冥官。可見《十王經》將十惡配於十王，以五官王爲治妄語的冥官，應是由《淨度三昧經》所說轉化而來的。

5.閻羅王

冥界十王之第五王，掌理亡者死後第五七日間之事。在其中，只有「閻魔王」是印度所固有的，傳說其本地爲地藏菩薩所化現。

相傳亡者於死後的第五個七日，詣此王廳前，定罪業輕重。據《十王經》所記載，閻魔王宮有光明王院及善名稱院，光明王院的中央有一面鏡子稱爲「業鏡」，

罪人被帶到業鏡之前，觀看自己一生所造惡業

亡者被帶到業鏡前面時，生前善惡之業完全顯現，業果難逃。傳說善名稱院是地藏菩薩及其眷屬所住之處。

6.變成王

冥界十王中之第六王，又稱爲變性王。掌理亡者第六個七日之間的事。據《地藏菩薩發心因緣十王經》所記載，亡者如果有罪，此王則逼惡；如果有福則勸善。

7.太山王

冥界十王之第七王，又稱爲泰山王，掌理亡者第七個七日間之事，爲判定罪人投生處所的冥官。

8.平等王

冥界十王之第八王，掌理亡者死後第一百日之事。相傳此王爲觀世音菩薩所化現，內含慈悲，外現怒相，施予教化，使其努力造功德，投生天上。

9. 都市王

冥界十王之第九王，又稱都帝王、都弔王。死者於周年忌日，至此王之處接受審判。

10. 五道轉輪王

冥界十王中的最後一位。指在冥途掌管亡人第三年之事的廳府官王。相傳爲領二官衆獄司，治衆生愚癡煩惱的冥官。

在《私聚百因緣集》卷四描述此王治罪之相，說其中或有十目四臂之獄卒，能視人所作善業惡業，如手中的水果一樣清楚。點檢後，罪業輕者令轉生，邪見放逸之衆生使常輪迴於三惡趣；猶如車輪之迴轉。太過愚癡者，則有火牛車來現，牛頭馬頭之阿防羅刹拉之，或是將其放入臼中以鐵杵搗之，或以箕簸之，斫打成微塵般。或以磐石打之，或以鋸削之，受苦之狀無以形容。

在十王傳說中，除了第五閻羅王廣見於經論外，其餘諸王很可能是受到道教影響而產生的。五代之後，奉祀十王的風氣極盛，世人相信生前齋供十王，死後受裁斷罪業時，業報可望減輕。相傳歐陽修曾夢見冥府十王，而相信飯僧造經的利益。此外，在大足石窟石篆山的第九龕，也有北宋十王的造像。而將十王一一配屬本地佛或菩薩，則僅見於日本；中國與韓國則是將十王像與地藏菩薩一併供奉。

其實，如果害怕受到地獄的苦果，應該斷除一切惡業之因，才是正途，倘若只以齋供十王而希望減輕業報，恐怕是緣木求魚了。

地藏菩薩與地獄

地藏菩薩的信仰在中國極爲普遍盛行，這和兩個因緣有關，第一個因緣，是因爲受到中國人對死亡之後的世界觀念的影響，以及對祖先安土重遷的觀念影響。

中國人對死亡世界充滿了尊敬，也充滿了許多幻想，而地藏菩薩對地獄衆生特別的誓願，讓衆生得到死後安心的守護。地藏信仰普遍的另外一個因緣，則是因爲地藏菩薩曾化現在中國，也就是九華山的金喬覺，成爲中國人尊敬的大士。這兩者交織在一起，使中國人對地藏菩薩十分的崇仰。地藏信仰在日本也很風行。

大願地藏菩薩，往世曾爲婆羅門女，爲了救度母親出離地獄，而爲母親設供修福，發願盡未來劫廣渡罪苦衆生。

菩薩爲婆羅門女時，當時是名爲覺華定自在王如來的像法時期。婆羅門女具宿福善根，但其母親常輕三寶，沒有正見，命終時竟墮無間地獄。婆羅門女於是變賣家宅，廣求香華及諸供具，在塔寺大興供養。她看到寺中覺華定自在王如來的形象，莊嚴高妙，於是向其祈請賜知亡母生處。

後來她依佛陀指示，於家中端坐思惟念佛，經一日一夜，忽然見到自己來到海邊，海水鼎沸內諸男女衆生，而且又有鐵身惡獸飛走於海上，看見男女浮沒於海中，便來往爭食。除此之外又見各種恐怖之事，只因婆羅門女仍因念佛及佛之加持力，才能入此而免於受難，當中有一鬼王告知婆羅門女，其母因她的設供修福，布壽如來塔寺，已脫離地獄之苦了。婆羅門女經歷此事，了悟衆生之苦罪甚深，於是就在覺華定自在王如來塔像之前，立弘誓願：

「原我盡未來劫，應有罪苦衆生，廣設方便，使令解脫。」

在另外一個本生中，地藏菩薩曾是另一位孝女，名叫「光目」。有一位羅漢在世間教化衆生，有一次接受光目女的供養。羅漢感其淨善心意便問她有何願望。光目女就說她想要知道亡母現在究竟生往何處。羅漢聞言，便為她入定觀察，竟發現其母墮於惡道，受極大的痛苦。原來光目女的母親生前最喜歡吃魚鱉之類衆生，而且都選擇魚鱉的幼小者，食之千萬。光目女一知道母親正受大苦，心如刀割，哀求羅漢告知解決之法。羅漢告知以至誠心稱念清淨蓮華目如來名號，並塑如來畫相供養。於是光目女依言而行，悲泣瞻禮如來，希望能解除母親的痛苦。果然某一夜晚夢見佛身放大光明，來告訴她：「你母親在不久之後會在你家中出生。」後來家中的婢女生下一子，沒滿三天就開口說話，悲泣萬分地告訴光目，她就是光目的母親，在地獄中因光目爲她祈福而得超升爲下賤人，但是壽命才只有十三年，死後會更落惡道。二人相逢雖然高興，但是卻爲將來的命運啼淚悲泣，十分傷心。於是光目至心發起誠懇的誓願，祈願母親能永離三惡道之苦，而她自身發願百千萬億劫，救拔一切地獄及三惡道衆生成佛。

由於地藏菩薩對受苦衆生的特別悲愍，因此，在其本願中就有「衆生度盡，方證菩提，地獄未空，誓不成佛」這個根本的誓願。這也就是爲什麼地獄菩薩和地獄衆生特別有緣的緣故。

地藏菩薩對苦難的衆生特別有感情，因爲這種特殊的因緣，菩薩多給人是居於地獄救度衆生的印象，雖然他不只化度地獄道，但是地獄道衆生苦上加苦，比起人間不知苦上幾千萬倍，所以菩薩對其特別憫念。

在《佛說地藏菩薩發心因緣十王經中》把這樣的悲願具體化成名爲「善名稱院」的淨土，所謂：「閻魔王國名無佛世界，亦名須烂國，亦名閻魔羅王……次有

地藏菩薩特別憫念地獄受苦衆生

二院：一名光明王院，二名善名稱院。……復說善名稱院，此處殊勝，於無佛處別淨土，金沙滿地，銀玉疊道，四畔築四寶，四門開順金。樹分七珍，枝開妙花，每房結微菓，花尋開花，長春不散，果尋結果，長秋不落。池開七寶蓮，重青黃赤白，汀鳴六種鳥，和宮商角徵羽，莊嚴微妙，如兜率天中。殊勝殿安五寶座，即是地藏菩薩入定寶處。」

其實，不只是在地獄，在六道中，任何需要地藏菩薩的地方，都有其大悲示現。民間傳說供奉地藏菩薩會招來鬼神，使家中不安，實在是無稽之談。反之，地藏菩薩之廣大威力，使一切人非人之干擾遠離，守護家宅平安吉祥。

地獄使者

傳說閻羅王在召見罪人之前，會先派遣使者到人間示警。在《長阿含經》卷十九〈地獄品〉、《大樓炭經》卷二、《起世經》卷四等記載，閻羅王常遣老、病、死三使者至世間，明示無常之苦，以警惕世人諸惡莫作，衆善奉行，以免墮於地獄中。又《中阿含》卷十二《天使經》、《閻羅王五天使者經》中，則以生、老、病、死及治罪爲閻羅王之五使者。

閻王常派「老」、「病」、「死」三位使者遊行人間，當衆生命終時，因所造惡業之驅使而隨獄卒到閻魔王所。王乃對罪人告誡說：「你自己放逸，不修身、口、意三業，此罪過是你自己所造，非他人之過。」

在《起世經》中記載著閻羅王人間三使者的故事：

當亡者被帶到閻羅王面前時，閻羅王就問他：「在你生前，我派了三個使者去警告你，不要放逸造罪，你都視若無睹。」

「冤枉啊！大人，我實在沒有遇見什麼使者。」罪人大聲喊冤。

「好，我問你，你沒看到周圍的老人家，不論男女，當年紀大了之後，牙齒脫落，頭髮斑白，皮膚鬆弛，長滿了胡麻般的老人斑，走起路來左右傾搖，力不從心，身體虛弱，氣力綿微，走幾步就喘得不得了，還要拿著枴杖才能走。年輕時的壯盛完全消失不見，就等著進棺材，你難道沒看見嗎？」閻羅王厲聲斥問。

「看……看見了……」罪人顫聲回答。

「那你怎麼不想想，有一天你也會走到這一步，是不是該多修善業呢？這是我派去第一個警告你的使者。」閻羅王說著，又舉出第二個使者的作爲。

「第一個使者你沒感覺，那麼，第二個使者呢？」

「第二個使者？」罪人一臉茫然的表情。

「別告訴我你沒看過人生病。不管是男是女，當病苦所糾纏時，只能躺在床上，連大小便都無法自理，如果沒人照顧，就得躺在糞尿之中，連坐起來都要人扶侍，洗澡、擦拭、飲食，一切都要靠別人。你沒看過嗎？」閻羅王又問。

「看過……」

罪人實在想不到這就是第二個使者。

「你沒想到自己有一天也會如此，不趕緊行善積福，還是一樣造惡。連第三使者來了，你還是沒自覺！」閻羅王厲聲罵著。

「第三個使者？」

「你沒看見無論男人女人，一旦命終時，躺在床上動也不動，親人披頭散髮，圍繞哭喊，這種景象你沒看過嗎？」

「看過……」原來這就是第三個使者。

「你還是沒想到，有一天會輪到自己，照樣造罪不誤，這還有什麼好說的呢，一切都是你自作自受！」於是閻羅王一聲令下，獄卒就將捉住罪人的兩足兩臂，像倒栽蔥一般，朝地獄一丟。

這個故事在《閻羅王五天使經》、《鐵城泥犁經》中，則將上述的「三使者」增加爲生、老、病、死、王法刑罰等「五使者」，警惕人們驚覺精進。

看來地獄使者隨時隨地潛伏在我們四周，不是死時才來，而是在平時就不斷放出警訊，告訴人們要善自精進，免得到地獄受苦。

地獄裏的牛頭馬面

地獄裏的獄卒，有說是羅刹惡鬼所變，專門負責懲罰罪人。在《大智度論》中說：「惡羅刹獄卒作牛、馬等種種形，呑噉、㩧嚙罪人。」《俱舍論》中則說：「琰魔王使諸邏刹娑，擲諸有情置地獄者。」它們有各種形狀，或牛頭人手，或具有牛蹄，或爲鹿頭、羊頭、兔頭等，力氣很大。

民間常說的「牛頭馬面」，在佛經中稱爲「牛頭馬頭」，其相貌爲牛頭人身或馬頭人身。在《五苦章句經》中說：「獄卒名阿傍，牛頭人身，兩腳牛蹄，力壯排山，持鋼鐵叉。叉有三股，一叉罪人數百千萬，內著鑊中。」這些獄卒牛頭人身，兩腳像牛一般還有牛蹄，力氣很大，可以將山舉起。它手中的三叉戟，一叉就能叉起數百千萬的罪人，擲入鑊中。

《賢愚經》卷十三〈蘇曼女十子品〉中也說：「夫殺生之罪，當入地獄，受諸苦惱。數千萬歲，常爲鹿頭、羊頭、兔頭，諸禽獸頭阿傍獄卒之所獵射。」這是說如果犯了殺生罪的人，到了地獄之後，就會被鹿頭、羊頭、兔頭等獄卒所獵射追趕。

《佛說地藏菩薩發心因緣十王經》中也描寫牛頭馬面押解罪人的情景：「二七亡人渡奈河，千群萬隊涉江波，引路牛頭肩挾棒，催行馬頭腰擎叉。」

在《賢愚經》卷一中，描寫獄卒爲罪人施刑的情形：「世有愚人，作諸不善，殺生盜竊婬無度，妄言、兩舌、惡口、綺語、貪欲、瞋恚，沒在邪見，死入地獄，受苦萬端。獄卒阿傍，取諸罪人，種種治之，或以刀斫，或以車裂，分壞其身，作數千段。或復臼擣，或復磨之，刀山劍樹，火車鑊湯，寒水沸屎，一切備受，荷如此苦，經數千萬歲。」獄卒爲地獄罪人的施刑者，它們或以刀砍，或以車裂其身，或是將罪人放到臼中擣碎，或是將罪人趕上刀山劍樹，等等一切苦刑備受，經千萬年。

除了牛頭馬面之外，在《觀佛三昧海經》卷二中描寫其他獄卒的形貌：「一一獄卒頭髮如山，生刀輪劍戟，耳如驢耳，有百千種。一一耳中焰俱起，脣口牙齒過於羅剎百千萬倍，角如牛角，角端生劍，五方異見。身體赤黑如癩病狗，有四百尾，於其尾頭濃血沸屎，有鐵口蟲纏其身體，手捉鐵叉，腳下踏輪，刀輪上刺，直

地獄中的獄卒威嚇驅趕罪人

徹心髓，駛疾如風，各以鐵叉叉罪人腰，直上而走阿鼻地獄，如影隨形，逐罪人來。」

經中說，地獄的獄卒頭髮像山一樣，上有刀輪劍戟等種種武器，耳朵如驢耳，耳中充滿焰，嘴唇牙齒比羅剎更猙獰，頭上長角如牛角，角端還長著利劍，身體呈紅黑色，就像生病的癩痢狗一樣。後面有四百條尾巴，尾端有著血及糞便。它們個個手持鐵叉，腳下踏著鐵輪，行動像風一樣迅速，各各以鐵叉將罪人從腰叉起，直接帶到阿鼻地獄。無論衆人如何驚恐躲閉，獄卒們還是如影隨形地追逐他們。

什麼樣的人會到地獄去？

使衆生墮入地獄的不善業，雖然有許多種類，但是概括而言，是以十惡、五逆、謗法爲主，如果所造惡業極重，則入於地獄中。依據《正法念處經》所記載，等活地獄是犯殺生罪者墮入的地方；黑繩地獄是犯殺生、偷盜二罪者墮入的地方；以下至大焦熱地獄，是犯邪淫、飲酒、妄語、邪見、非梵行等罪者墮入的地方。依罪行的深淺分別墮入各地獄；無間地獄是五逆罪者（殺害母親、殺害父親、殺害阿羅漢、破壞和合的僧團、傷害佛身使其受傷流血）墮入的地方。

《增一阿含經》卷三十六也載有同於上述的八熱地獄的業因，依次爲：⑴毀正見、誹謗正法及遠離正法者。⑵好殺生者。⑶屠殺牛、羊等類者。⑷盜取他物者。⑸常淫佚妄語者。⑹傳播謠言及求人方便者。⑺令彼、此鬥爭及貪著他物者。⑻殺害父母、破壞佛寺、鬥亂聖衆、誹謗聖人、習於倒邪之見者。又罪業分爲三種，上品之罪者，墮入大地獄。中、下品之罪者墮入眷屬地獄。在大地獄受苦後，若業報未能盡時，更於眷屬地獄受苦。所以十六眷屬地獄又稱爲十六增。

據《俱舍論》卷十八載，墮入阿鼻地獄的罪不是只有無間罪，其他還有與其同類的惡業，如污母及阿羅漢、殺害住定的菩薩及有學的聖者、破壞僧衆的和合緣及佛塔等罪。墮入八寒地獄者的業因，是犯了誹謗聖賢的罪。

地獄是極惡之地，一般人是不會到地獄去的。會到地獄者，一是由於因爲業力的關係，由惡業引入地獄，一是由於諸佛菩薩或聖者乃至自身的威神力所加被而到達，否則的話，一般人是不可能到地獄去的。

像地藏菩薩往昔本生曾爲孝女，就曾蒙佛力加被而到地獄一遊。由於她的母親生前常心懷邪見，時常譏毀三寶，即使暫時生起信心，卻又馬上生起不敬的念頭。母親往生之後，她爲了得知母親往生後的去處，而爲母親陳設供養，廣修福德，布施覺華定自在王如來的塔寺。

她至心向覺華定自在王如來祈請，希望能賜知亡母去處。因爲她廣大的福德力，至誠殷請，而得以親自地獄，鬼王告知她的母親確實曾生於此處，但由於聖女爲她供佛的功德，使她的母親得生天上。當時，不只菩薩的母親得以解脫地獄的痛苦，生於天上，就是應當投生無間地獄的罪人，在當日，也都一起受樂解脫，同樣往生天上。

而地藏菩薩也因爲累世與地獄衆生結下的因緣，發起度化地獄惡性衆生的廣大悲願，成爲地獄受苦衆生的依怙。

地獄道衆生的壽命有多長？

一般人總是希望活得越久越好，但是對在地獄受苦的衆生而言，多活一天就是多受一天罪，他們反而希望早日能重新投胎。

地獄道衆生的壽命有多長呢？隨著不同地獄的衆生有不同的壽命。在八熱地獄中，從等活到焦熱六地獄的有情，都是以六欲天的壽量爲一日一夜，歲月的數量亦與其相同。大焦熱地獄是半中劫，無間地獄是一中劫。也就是說，等活地獄的衆生是壽命五百歲，而他們的一日一夜相當於四王天的壽五百歲。四王天的一日一夜又相當於人間的五十年。

等活以下至焦熱地獄的有情是壽命一萬六千歲，其一日一夜相當於他化自在天的壽命一萬六千歲。他化自在天的一日一夜相當於人間的一千六百年。《正法念處經》、《俱舍論》等皆採用此種說法。《優婆塞戒經》卷七的說法也與此相同，是以六欲天的壽量爲準，不過其所用計數的方法不同。主張前六地獄是不定，後二地獄是決定。

關於八寒地獄，以頞部陀地獄的有情的壽量來看，是二十斛（佉梨）麻粒數的百倍，以下各地獄則依次爲前者的二十倍。此種說法出自《俱舍論》卷十一、《大智度論》卷十三。《瑜伽師地論》卷四的說法稍異，主張八寒地獄的壽量大約是八熱地獄的一半。關於孤地獄的有情，則沒有資料說明其壽量。

又，關於地獄有情的壽量長短，據《俱舍論》卷十一所載：

如人間五十年，爲四天王天一晝夜，四天王天五百歲，才是等活地獄的一晝夜，而等活地獄有情的壽命有五百歲。人間百歲爲三十三天一晝夜，而三十三天壽一千歲，等於黑繩地獄一晝夜，而黑繩地獄有情的壽命有一千歲。人間二百歲爲夜摩天一晝夜，而夜摩天的壽命二千歲，等於衆合地獄的一晝夜，而衆合地獄有情的壽命有二千歲。

人間四百歲爲兜率天一晝夜，而兜率天的壽命四千歲，等於號叫地獄一晝夜，而號叫地獄有情的壽命有四千歲。人間八百歲爲化樂天一晝夜，而化樂天的壽命八千歲，等於大號叫地獄一晝夜，而大號叫地獄有情的壽命有八千歲。人間千六百萬歲，爲他化天一晝夜，而他化天的壽命萬六千歲，等於炎熱地獄一晝夜，而炎熱地獄有情的壽命有一萬六千歲。極熱地獄有情的壽命爲半個中劫，無間地獄有情的壽命爲一個中劫。

地獄衆生壽命一覽表

人間50年＝四天王天1天1夜
四天王天500年＝等活地獄1天1夜→等活地獄衆生壽命500歲
人間100年＝忉利天1天1夜
忉利天1000年＝黑繩地獄1天1夜→黑繩地獄衆生壽命1000歲
人間200年＝夜摩天1天1夜
夜摩天2000年＝衆合地獄1天1夜→衆合地獄衆生壽命2000歲
人間400年＝兜率天1天1夜
兜率天4000年＝號叫地獄1天1夜→號叫地獄衆生壽命4000歲
人間800年＝化樂天1天1夜
化樂天8000年＝大號叫地獄1天1夜→大號叫地獄衆生壽命8000歲
人間1600萬年＝他化天1天1夜
他化天16000年＝炎熱地獄1天1夜→炎熱地獄衆生壽命16000歲 極熱地獄衆生壽命半個中劫 無間地獄衆生壽命一個中劫

地獄的刑具

八熱地獄中，於等活地獄的有情，雙手皆生鐵爪，如同刀劍，極為鋒利，而互相摧毀。其次於黑繩地獄，獄卒以熱鐵繩劃有情的身體，再以鐵斧或鋸子將其斫碎成百千段。其次於衆合地獄，引有情至兩石山之間壓擠，置於石上碾磨，再令其臥於鐵臼之上擣之。其次於叫喚、大叫喚兩地獄，有情被放在大鑊中煮沸，或放在大煎鍋上反覆燒烤。其次於焦熱、大焦熱兩地獄，鐵城、鐵樓變成大火坑，燒炙有情。其次於無間地獄，有情的肢節中冒出火焰，煩惱永無斷止之日。上述各個地獄的苦惱，依次遞增十倍，越至後面，苦惱越多。

關於十六小地獄的異說甚多，因此苦具的種類也頗多。例如鐵狗、鐵蟲、猛鳥、惡蛇等。關於八寒地獄，只提到寒冰、寒風，並無苦具、獄卒的記述。關於孤地獄的苦具雖沒有記載，但可從八熱地獄推知。

地獄的刑罰

等活地獄	罪人雙手即銳利鐵爪，相互攻擊
黑繩地獄	燒熱的鐵繩燒劃罪人，以鐵斧、鋸子割截罪人
衆合地獄	以兩座石山擠壓罪人，以鐵臼、鐵杵搥擣其身
叫喚及大叫喚地獄	將罪人放在大鑊煮沸、放在鐵板上煎煮
焦熱及大焦熱地獄	將罪人關於鐵城、鐵樓之中，放火燒之
八寒地獄	自然環境酷寒，使罪人皮膚凍裂，口舌麻痺
阿鼻地獄	刀林，八萬四千口吐毒火的巨大鐵蟒、五百億嘴頭流火的怪蟲，地獄中苦的極致都集中於此。
火車地獄	熾烈火焰焚燒的火車，來回將罪人輾壓成碎片，天降滾燙銅汁如雨，遍灑罪人。
其他	命罪人上刀山、空中降下刀輪割截罪人身，令罪人抱熾熱燒紅之銅柱，耕舌、燒腳、啗眼等，種種無量罪罰。

八大地獄——八個熾烈焚燒的可怕地獄

八大地獄，又稱「八熱地獄」，是指八種具有火熱痛苦的地獄，又稱為八大地獄。

在《長阿含》卷十九《世記經》〈地獄品〉中說：

「佛告比丘：此四天下有八千天下圍繞其外，復有大海水，周匝圍繞八千天下，復有大金剛山，遶大海水。金剛山外，復有第二大金剛山。二山中間窈窈冥冥。日月神天有大威力，不能以光照及於彼。彼有八大地獄，其一地獄有十六小地獄。第一大地獄名想，第二名黑繩，第三名推壓，第四名叫喚，第五名大叫喚，第六名燒炙，第七名大燒炙，第八名無間。」

此八大地獄痛苦的情況，略如下述：

(1)等活地獄：又作想地獄。經中描寫：「其中眾生，手生鐵爪，迭相瞋忿，以爪相攫，應手肉墮，想以為死。復次其中眾生懷毒害想，手執刀劍，迭相斫刺剝臠，割身碎在地，相謂為死。冷風來吹，尋復活起。彼自相言：『我今已活。』」

用熾熱鐵繩鐵斧刑求犯人的黑繩地獄

墮生此處的衆生，手自然生成鐵爪，見到他人時，心懷毒害想，以鐵爪相摑，所至之處身肉即被攫起，或是手執刀劍，相互砍刺，至血肉竭盡而死。但是經冷風一吹，又再度活過來，重新受苦。復受前苦。凡犯殺生罪、毀正見、誹謗正法者墮生此獄。

(2)黑繩地獄：經中描寫黑繩地獄的景像：「其諸獄卒捉彼罪人撲熱鐵上，舒展其身，以熱鐵繩絣之使直，以熱鐵斧逐繩道斫罪人作百千段。復次以鐵繩絣鋸之，復次懸熱鐵繩交橫無數，驅迫罪人使行繩間，惡風暴起吹諸鐵繩歷絡其身，燒皮徹肉，燋骨沸髓，苦毒萬端。餘罪未畢，故使不死，故名黑繩。」在此處，獄卒將罪人捉起來，擲於熱鐵之上，強迫其身體躺平，用燒熱的鐵繩將其綁著，用燒熱的鐵斧將其砍成百千段。又以燒熱的鐵繩縱橫交錯，驅趕罪人使其走在繩林間。忽然間暴風吹起，鐵繩飛揚，打在罪人身上，燒皮徹肉，連骨頭都燒燋了。

(3)衆合地獄：爲什麼稱爲衆合地獄呢？因爲在此處的罪人會受到兩座大石山密合擠壓，將身體骨肉都壓碎了。經中描寫著：「有大石山兩山相對，人入此中，山自然合推其身，骨肉糜碎，山還故處，苦毒萬端，故使不死。復有大鐵象舉身火然，哮呼而來，蹴蹋罪人，婉轉其上。身體糜碎，膿血流出。號咷悲叫，故使不死。復捉罪人臥大石上，以大石，復取罪人臥地，鐵杵擣之。從足至頭皮肉糜碎，膿血流出萬毒並至。」，除了被石山所擠壓之外，還有全身冒火的鐵象，咆哮而來，蹴踏罪人，使其膿血流迸，痛苦的號叫。

(4)叫喚地獄：又稱爲「號叫地獄」。經中描寫叫喚地獄的情景：「獄卒捉罪人擲大鑊中。又置大鐵鍑中。熱湯涌沸煮彼罪人。號咷叫喚，苦痛辛酸。又取彼罪人擲不上，反覆煎熬，號咷叫喚，餘罪未畢，故使不死，故名叫喚。」在這個地獄

充滿痛苦號叫的叫喚地獄

中，獄卒將罪人放在大鐵鍋中，以滾熱的熱湯湧沸來烹煮罪人，再撈起來用油反覆煎熬。或是將罪人投熱鑊中煎煮；或將罪人驅入猛焰火室；或以鉗開罪人口，灌入滾熱的烊銅，燒爛五臟。但是歷經這麼可怖的刑罰，卻還是死不了，罪人痛苦的號叫，所以稱爲「叫喚地獄」。

(5)大叫喚地獄：此獄罪人所受之刑罰如前之叫喚地獄，其苦更甚於前，所以稱爲「大叫喚地獄」。

(6)焦熱地獄：又稱作燒熱地獄、燒炙地獄、熱惱地獄、熱地獄。這個地獄以焦熱著名。在《長阿含經》卷十九〈地獄品〉中說：

「燒炙大地獄有十六小獄，周匝圍遶。何故名爲燒炙大地獄，爾時獄卒將諸罪人置鐵城中，其城火然內外俱赤，燒炙罪人皮肉燋爛，苦痛辛酸，萬毒並至，餘罪未畢故使不死，是故名爲燒炙地獄。」在這個地獄中，獄卒將罪人關在鐵城中，再放火燒城，溫度極高，鐵城都燒紅了，在裏面的罪人都燒得皮肉燋爛，卻是求死不得。

而在《正法念處經》卷十中說，焦熱地獄中還有十六個小地獄，分別是大燒、分荼梨迦、龍旋、赤銅彌泥魚旋、鐵鑊、血河漂、饒骨髓蟲、一切人熱、無終沒入、大頭摩、惡嶮岸、金剛骨、黑鐵繩摽刃解受苦、那迦虫柱惡火受苦、闇火風、金剛嘴蜂等十六受苦處。

(7)大焦熱地獄：又作大燒炙、極熱地獄。此獄罪人所受刑罰如前，其苦更甚於前。

(8)無間地獄：

即是「阿鼻地獄」。此獄罪人所受之苦，無有間歇，是最黑暗痛苦的地獄。無間大地獄中，有十六個小地獄，有獄卒捉住罪人，從足至頂將其皮活活下來，再用其皮纏罪人身，綁在火車的輪上，蹍過燒熱的鐵地面，如此周行反覆，最後罪人身體碎爛，皮肉墮落，但即使如此，還是死不了。

或是被關在上下四方都充滿烈焰的鐵城裏，走避無門，被燒得東西馳走，身體的皮肉焦爛，當城門打開時，裏頭的罪人急急往外衝，只見他們全身肢節都冒著火焰，快走到門時，門又關起來了。他們眼睛所見皆是可怖的情景，耳朵所聞皆是驚恐的號叫聲，鼻子所聞都是骨肉燒焦的臭味，所有的意念都充滿了恐怖痛苦，受苦無間，所以稱為「無間地獄」。

在《大毗婆沙論》卷一七二中說，八熱地獄的每一個地獄裏，都有四個門，四門皆有「四增」，也就是四種最可怕的刑罰。最初的「煻煨增」煻煨增之中，充滿煻煨，沒及有情的膝部，使其皮肉焦爛；其次的「屍糞增」中，充滿屍糞泥，泥中有蟲，咬破有情之骨而食其髓；其次的「鋒刃增」中，有刀刃路、劍葉林、鐵刺林、斬刺有情的肢體，任鳥獸食其皮肉、眼睛、心肝；其次的烈河增中，有滾熱鹹水，有情沈沒於其中，骨肉糜爛。

八寒地獄——八個嚴寒凍裂的地獄

八寒地獄，又作八寒捺落迦。依《俱舍論》卷十一所說，南閻浮洲底下五百由旬處，在八熱地獄旁，有八種寒冰地獄。其中有情受嚴寒所逼迫，連痛苦呻吟的聲音都因爲寒冷而變調。

關於八寒地獄之名稱及解釋，諸經論所說都不盡相同，如：

如果依《俱舍論》、《順正理論》、《顯宗論》、《瑜伽師地論》等所說，則爲：

1. 頞部陀：這是指受罪衆生因嚴寒所逼，皮肉皰起。
2. 尼剌部陀：指受罪衆生受寒苦所逼，皰即破裂。
3. 頞哳吒：指受罪衆生因寒苦而唇不能動，僅能於舌中作此聲。
4. 臛臛婆：指受罪衆生受寒苦所逼，舌不能動，只能作此臛臛聲。
5. 虎虎婆：指受罪衆生因寒苦所逼而口中作此聲。
6. 嗢鉢羅：嗢鉢羅是指青蓮華，這是指受罪衆生因寒苦所逼，凍成青色，皮肉破裂，就像一瓣一瓣的青蓮華一樣。

7.鉢特摩：鉢特摩是紅蓮華，這是指受罪衆生因寒苦而皮肉分裂，狀似紅蓮華。

8.摩訶鉢特摩：摩訶鉢特摩是大紅蓮華，這是指受罪衆生全身凍裂變紅，狀似大紅蓮華。

此外，在《涅槃經》卷十〈現病品〉中則說八寒地獄分別是：阿波波、阿吒吒、阿羅羅、阿婆婆、優鉢羅、波頭摩、拘物頭、分陀利地獄。前四者是依因寒苦而發之聲而立名，後四者則是以四種蓮華形容受罪衆生身體凍裂之相，且以之立名。

衆合地獄——以石山擠壓罪人的地獄

衆合地獄爲八熱地獄之一，此地獄以兩山自然聚合，堆壓罪人之身而得名。按，「衆合」之梵語爲僧乾（saṃghāta），意譯又作「堆壓」、「聚磕」、「會合」，或「合」。

依《長阿含經》卷十九〈地獄品〉所記載，衆合地獄中有大石山，兩兩相對。罪人入於其中，兩山自然聚合，堆壓其身，使之骨肉粉碎。其後，兩山還復原處。接著又有大鐵象，全身發火，呼叫咆哮，衝過來蹴踏罪人，使其身體糜碎，流出膿血。接著又有獄卒捉罪人置於磨石中，以磨磨之；或有獄卒捉起罪人，使其臥於大石上，以大石壓之；或令罪人臥於鐵臼中，以鐵杵擣之，令其皮肉糜碎，膿血流出，苦痛辛酸，萬毒並至。在罪業尚未完畢之前，雖然受到極大的苦楚，罪人還是不會死。

在《立世阿毗曇論》卷八記載著，會到衆活地獄的衆生業因爲：

「昔在人中，以竹笪覆人，牽象踐蹋，或鬥戰時，作諸壓車以磕於人，又懸機

以石山、石磨擠壓罪人的眾合地獄

石縋下殺人，復於嶮路作諸機煙陷殺眾生，或以爪齒掐嚙蚤虱，如是等業受此果報。」由以上可以發覺，受到此等果報者，多是以種種陷阱或是武器傷害眾生。

又，《正法念處經》卷六以行殺生、偷盜、邪行等三不善業而墮此獄中，且其業有上中下之別。上者墮入根本合大地獄，受鐵炎嘴鷲大苦。中下者墮入大量受苦惱處、割剳處、脈脈斷處、惡見處、團處、多苦惱處、忍苦處、朱誅朱誅處、何何奚處、淚火出處、一切根滅處、無彼岸受苦處、鉢頭摩處、大鉢頭摩處、火盆處、鐵火末處等十六別處，受大苦惱。

阿鼻地獄——衆苦極致的無間地獄

阿鼻地獄（梵名avīci）就是我們常聽到的「無間地獄」，為八熱地獄之一。

《觀佛三昧海經》卷五〈觀佛心品〉中說：「云何名阿鼻地獄？『阿』言無，『鼻』言遮；『阿』言無，『鼻』言救；『阿』言無間，『鼻』言無動；『阿』言極熱，『鼻』言極惱；『阿』言不閑，『鼻』言不住。不閑不住，名『阿鼻地獄』。『阿』言大火，『鼻』言猛熱，猛火入心，名阿鼻地獄。」這個地獄乃是八熱地獄中苦惱最甚者，犯五逆罪及謗法者，即墮此極苦最惡的大地獄。

根據《大樓炭經》卷二〈泥犁品〉所記載，墮此阿鼻地獄的罪，眼但見惡色，耳但聞惡聲，口所食但得惡味，鼻所聞唯是惡臭，意所念唯是惡法，且有火燄自東、西、南、北、上、下等六面而來，燒炙於人，連彈指那麼短暫的快樂都沒有。

無間地獄有五種無間，在《翻譯名義集》卷二舉出趣果無間、受苦無間、時間無間、命無間及空間無間等五無間：

(1)趣果無間，是指造下五逆重罪者，命終之後立即生於此處。

地獄中最痛苦可怖的阿鼻地獄

⑵受苦無間，中間完全無任何樂受故。

⑶時間無間，在一劫那麼長的時間中，相續不斷地受苦，而罪人也感覺到時間無間。

⑷命無間，在受苦的期間，罪人不會死亡，一直到罪業消盡爲止。

⑸形無間，指空間無間，無論多大或多小的空間，罪人都感覺只有自己在受苦。

阿鼻地獄的情況如何呢？《觀佛三昧海經》〈觀佛心品〉中說：「阿鼻地獄縱廣正等八千由旬，七重鐵城，七層鐵網。下十八隔，周匝七重，皆是刀林。（中略）一一隔間有八萬四千鐵蟒大蛇，吐毒吐火。（中略）此城苦事八萬億千，苦中苦者集在此城。五百億蟲，蟲八萬四千嘴，嘴頭火流如雨而下，滿阿鼻城。此蟲下時，阿鼻猛火其燄大熾，赤光火燄照八萬四千由旬。」阿鼻地獄的七重鐵城、七層鐵網，周匝七重都是刀林，一一隔間有八萬四千條鐵巨蛇，口中吐著毒火。又有五百億蟲，每一隻蟲都有八萬四千嘴，嘴頭流出火焰，像火雨一般，遍滿阿阿鼻城。當此蟲降下時，由於其中的景象，阿鼻地獄的猛火更加熾烈，赤光火燄照達八萬四千由旬。由於所有的八萬憶千大苦都集於此城，所以阿鼻地獄又稱爲八萬地獄。

火車地獄——以燃燒的火輪輾壓罪人的地獄

火車地獄，顧名思義，就是以火車轢殺罪人的地獄。這個火車不是人間的火車，而是指車身有火燃燒，運載罪人至地獄，或作爲懲罰罪人之工具的車子。

在《增一阿含經》卷四十中說：「設罪多者當入地獄，刀山劍樹，火車爐炭，吞飲融銅。」《大智度論》卷十四記載著，佛陀的堂弟提婆達多，提婆達多因爲犯了五逆重罪，不但不知懺悔，更想出毒計，欲以毒筷傷佛。由於這種極重的罪業，使得他在往王舍城途中，地面自然裂開，火車來迎，生入地獄。

根據《觀佛三昧海經》卷五所記載，火車地獄有一個大銅鑊，縱廣四十由旬，其中盛滿火，下方有十二輪，上方有九十四火輪，生前誑惑邪命作惡者，氣絕命終之後，在火車上肢節燃火，身體燋散。但是被獄卒呼喚之後，又活過來。此時火車來回輾壓其身十八次，使其身碎如塵，天空降下滾熱沸騰的銅汁如雨，遍灑罪人身體，其人又還復活，如是往返，一日一夜受九十億次生死。

刀輪地獄——佈滿刀山與刀輪的世界

刀輪地獄，指用刀山、刀輪處罰罪人的地獄。這是生前樂見他人苦惱，殺害眾生者所生之處。據《觀佛三昧海經》卷五所說，這個地獄四面皆山，不但山間刀積如塼，而且虛空中也有八百萬億大刀輪如雨滴下。

據說這些罪人臨命終時，會先患逆氣病，煩悶滿心，就像堅硬的石塊積於心中一般。這時心中恨不得以利刀削之除去，於是獄卒就應其心念而來，拿著利刀，告訴病人可為其割除重病。罪人聽了大為歡喜，就在這一念命終時，立即投生於刀山之間。此時四山一時合攏而來，斬切其身。

接著獄卒又驅趕罪人，促令其登上刀山，未至山頂，罪人的足及胸已經鮮血淋漓，但是由於獄卒驅趕的緣故，仍然匍匐登山。到了山頂之後，獄卒又以刀樹撲打其身，未死之際，又有鐵狗、鐵蟲來啃咬其身。接著又腳著鐵輪，從空中落下，重新再來一次。如是一日一夜，要受六十億生死。如此經過八千萬年，罪業消滅，才得以轉入畜生道。當五百世畜生之後，再受卑賤人身五百世，這時才開始有機緣得遇善知識，發心修行。

除了以上的所說的地獄之外，還有無數的地獄，如鐵床地獄、鐵牛地獄、鐵衣地獄、千刃地獄、抱柱等以刑具爲名的地獄。又有耕舌地獄、燒腳地獄、啗眼地獄等以刑罰爲名的地獄。

而這些地獄的苦刑罰，有些地獄，是取下罪人的舌頭，驅使牛來耕犁，有的地獄，則是取罪下人心，讓夜叉吃食，有的地獄，則用盛著沸湯的大鑊，來熬煮罪人的身體，有的地獄，則用赤燒銅柱，驅使罪人來抱持，有的地獄，是用各種烈燄來焚燒罪人。

衆生種種的業報，使得各各地獄中，都有百千種業道的刑器，但大都以銅、鐵、石、火爲主，這四種物品，都是由大衆業行所感，如果廣說地獄的各種罪相，一一的地獄中，更有百千種痛苦，如果廣大解說的話，那麼是窮劫也說不盡的。

而這些恐怖的地獄，都是受到行惡衆生的業力感應，而現起如是的境界，這些業力非常廣大堅固，能敵過須彌大山，能深過廣大的巨海，能障礙聖道。

這也告訴我們，千萬不要輕視小惡，以爲無罪，不知道死後實有果報，纖毫都會受報的，這時，就是父子、夫妻等最親愛的人，也是歧路各別，縱然相逢，也是無法代受。

佛菩薩宣說地獄的苦狀，是爲了讓後世末法一切惡行的衆生，在聽聞地獄的恐怖相狀之後，除了不再造惡，努力行善之外，還能皈依佛法，究竟從六道輪迴中解脫輪迴。

地獄與人間的交會

在《法苑珠林》卷七中，記載著曾經到過地獄的人。趙國有一個人，名叫石長和，平日茹素誦經不輟。在十九那年，他生了一場重病，拖了一個多月就死了。但是由於家貧的緣故，未能及時下葬而停棺於家中。

經過四天之後，竟然奇蹟似的復活了，並向人說起死後的所見。他說剛死時，他向東南走，看見兩個人在前方五十步左右，清理著道路，如果長和走得快，他們就清得快，當長和放慢速度時，他們也隨之放慢速度，保持一定的距離。

而在他所走的道路兩邊，長滿了荊棘，森然如鷹爪，有很多群眾都走在其中，身體被割傷裂開，滿地都是血跡。他們看見長和獨行於平坦大道，都歎息的說：「佛子獨行大道中！」。長和向前走了不久，他看見前方有一排高大的房子，樓閣上有一個穿著黑袍，高大壯碩的人，看起來像是位官吏。長和自然向他作揖而拜。黑衣人回禮之後，還找來長和死去多年的好友夫婦，他們向長和打聽著陽間親人的消息。敘了一會舊之後，黑衣人轉向問登錄地獄名冊的官吏，請他仔細查一查長和是否命實須終，還是弄錯了。官吏仔細一查，發現長和還有三十年的壽命，是不該在這兒。

於是黑衣人就派了車及兩名小吏送他回去。回到家時，長和看到自己的屍體已經發出臭味，本來猶豫著，後來看見他死去的妹妹推了他一把，讓他跌在自己的屍體上，這才蘇醒過來，說出這段奇異的經歷。

除此之外，地獄和人間似乎有些奇異的交集。在《法苑珠林》卷七中記載，中國江腕、摐陽兩縣的邊境上，在山野之中，經常會聽到哭聲，有時多達數十人，男女老幼都有，哭得非常悲傷，就像家中死了人一般。附近的人驚駭的到那裏查看，卻看不見半個人影。但是如果聽見哭聲出於何處，不久之後那裏就有喪事，而且如果哭聲大，就是大戶人家，如果哭聲小，就是一般小人家。

而在《王玄策行傳》中則記載，吐蕃國西南有一個涌泉，從平地涌出，水柱高達五六尺，噴出來的水很熱，甚至可以將肉煮熟，熱氣上衝，讓天空佈滿氣霧。有一個老吐蕃說，十年前這水更高，有十餘丈。當時有一個人，乘馬逐鹿，直赴泉中，從此之後湧泉就不再高涌，但泉中時時可見人的骸骨涌出。相傳這是來自地獄，烹煮罪人的「鑊湯」。

第五章 善惡交戰——天神與魔王

魔鬼與天神

一般人想到鬼時，經常聯想到魔，或稱「魔鬼」，而將二者認為是等同的。

實際上，「魔」和「鬼」是不同的，鬼是指餓鬼道的眾生，即使是具足福德的夜叉鬼類，仍是屬於鬼。而「魔」則不然，根據經典所記載，魔王居住在天界，是欲界天中他化自在天的天子，他所居住的天界層級甚至比帝釋天還高。

因此，如果沒有什麼重大事件，他在天上自得其樂，是很少來到人間的。什麼事情會驚動魔王呢？那就是如果有人即將脫離三界，超出輪迴，不再受到魔王的掌控時，魔宮就開始震動不安。

當初佛陀將成道之際，魔王帶領了眾魔女、魔軍，或以美色柔情勸誘，或以生死恫嚇，全力阻止佛陀悟道。最後雖然無功而返，但是在佛陀成道之後，他還是經常伺機破壞佛陀說法，障礙佛弟子修行。

鬼道眾生則是受苦居多，有時擾亂人類也是較本能式的，不像魔一樣深層，意在障礙破壞人的修行解脫。

其他的天神則是專心享受天福，不會與人作障。除了發願守護人間、護持佛法的天神之外，平日與人間也沒有太多的交集。

天，梵（deva），意思是「天上者」或「尊貴者」，指六道中業報最殊勝的眾生。

天神有幾種呢？他們住在何處？在佛法中對天神的種類、住處及不同層天的特性，有詳盡的描寫。

如果依天神所居住的處所來分，可分爲欲界、色界、無色界三個領域，其實，這名稱也含蓋了三種天神的特性：

三界二十八天

- 二十八天
  - 無色界四天
    - 非想非非想
    - 無所有處天
    - 識無邊處天
    - 空無邊處天
  - 色界十八天
    - 四禪天
      - 色究竟天
      - 善現天
      - 善見天
      - 無熱天
      - 無煩天
      - 無想天
      - 廣果天
      - 福生天
      - 無雲天
    - 三禪天
      - 遍淨天
      - 無量淨天
      - 少淨天
    - 二禪天
      - 光音天
      - 無量光天
      - 少光天
    - 初禪天
      - 大梵天
      - 梵輔天
      - 梵衆天
  - 欲界六天
    - 他化天
    - 化樂天
    - 兜率天
    - 夜摩天
    - 忉利天
    - 四王天

欲界：欲界天的天神有男女欲望和食欲等生命兩大欲望。

色界：色界天的天神以禪定力的深淺而分為四層天界，在色界的天神以色身莊嚴殊勝為特色。

無色界：沒有物質形體存在，僅以意識存在的生命體。

欲界、色界的諸天中，每個天國都有領袖，稱為「天王」，類似人間的政治型態。例如，在欲界天中的四天王天，就有東、南、西、北四大天王，以日、月、諸星之神為其臣衆。忉利天中，以帝釋天為天王，統領三十三天的天衆。像在兜率天，釋迦牟尼佛降生之前的最後身菩薩，即是兜率天天王。在色界的，如色界初禪天的的天王是大梵天，統領梵輔、梵衆諸天，和人間的政治型態很像。

在欲界天中又分為六層天，色界分為十八層天，無色界有四層天，合稱為「三界二十八天」。

很多人認為，死後生天是幸福的極致。到底天界的生活如何？是不是像人們所想像的，永遠過著幸福快樂的日子？我們一起來看看。

天上的世界

天人的生活可以說是人間感官享樂的極致。一來天人的身體不像人間一樣矮小、粗重，而是身形高大，色身微細妙好，自然發出光明，也不像人一樣會生病。

距離我們最近的四天王天，因爲有北方毘沙門天、東方持國天、南方增長天、西方廣目天等四大天王住於彼處而得名。那裏的天人身高半由旬（約十五里），衣服長一由旬，廣半由旬，但是這麼大的衣服，重量卻只有兩分，可見其質地之輕細。《經律異相》卷一中說：「四王身長皆半由旬。衣長一由旬，廣半由旬，其重二分。」

此外，天人的壽命很長，相對於人間而言，幾乎是長生不死的。像《經律異相》說，四天王天的天人：「天壽五百歲，少出多減，以人間五十歲爲天一日一夜，亦三十日爲一月，十二月爲一歲也。食淨摶食，洗浴衣服爲細滑食。男娶女嫁，身行陰陽，一同人間。」四天王天的衆生壽命爲五百歲，他們的一天一夜相當於人間五十年，如此換算，他們的平均壽命，大約是人間的九百多萬歲。

如果生前行善，具有福德的衆生，就能投生於此天。在此處也有著像人間男娶女嫁的婚姻制度。

天神生育的方式和人間不一樣，在《起世經》卷七〈三十三天品〉中說，天人出生的方式是由意念所化生，不像人間是由母胎中所出生，沒有人間婦女懷孕分娩的辛苦。

天人嬰兒出生的方式，不像人間是從母胎中所出生，而是從父母的膝上所化生。此外，天人一生下來就擁有自然的宿命通，能了知自己過去世的一切，知道自己是從何處死亡來投生天上，也知道現今自己所出生之處，並知道自己是由於哪一生的福報得以生於天界。會投生於天上，大多是往昔身、語、意行善所致。

在生活的享受上，天界觸目所見，都是黃金衆寶所莊嚴。連衣服和飲食也是自然而有，不必辛苦賺取。

經中說：「以昔三業善，今生爲天。自然化現在天膝上，形之大小如人間兩歲。兒生未久便自知飢，七寶妙器盛百味食。若福多者飯色自白，若福中者飯色自青，若福少者飯色自赤。」

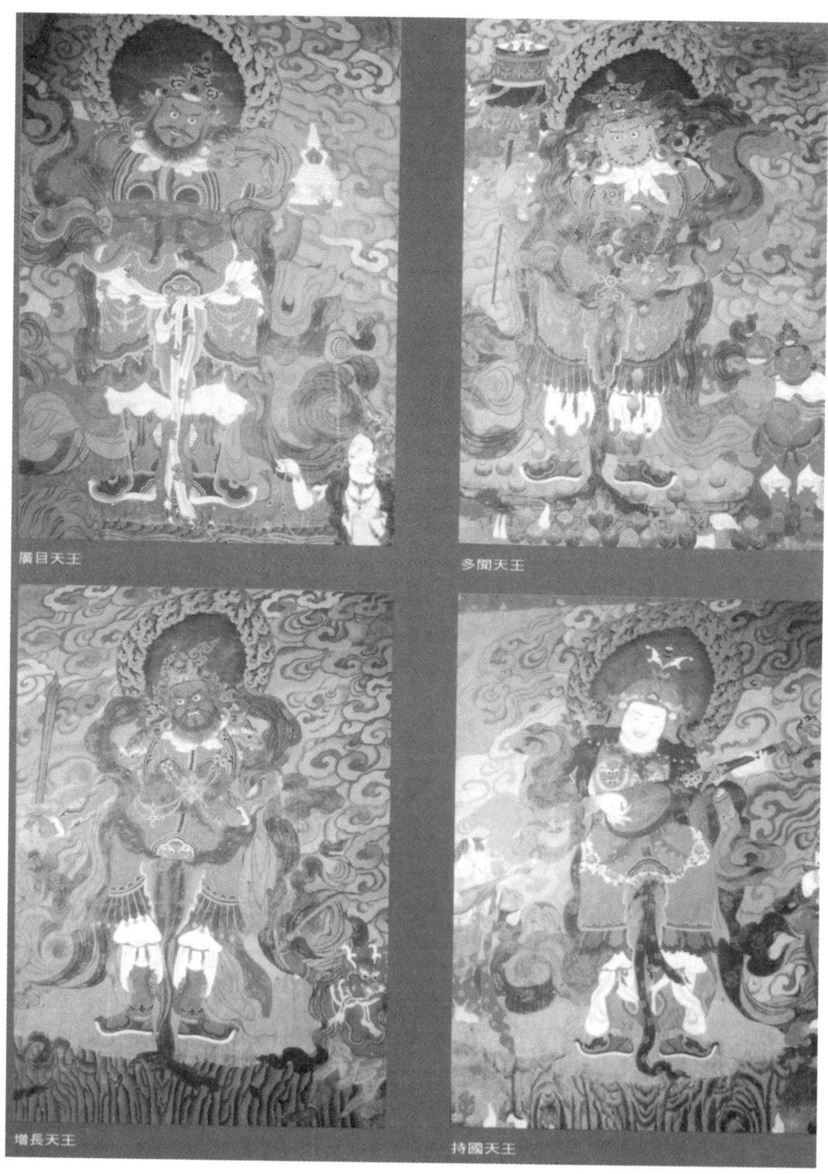

守護世界的四大天王

天人剛出生的嬰兒，就像人間兩歲幼童那麼大，色相圓滿，不是赤裸著身體，而是穿著莊嚴的天衣。

他們吃飯時，以七寶所作的寶器盛著百種妙味飲食，而飯的顏色則隨著每個天神福德多寡而呈現不同的顏色，如果福德多的人，飯呈白色，中等福德的人，飯呈青色，少福德的，飯則呈紅色。

天人所穿的妙好天衣，也是自然長出，完全不必費心張羅。當他們澡浴清淨之後，就到香樹下，香樹枝會自然低屈，並從枝中生出種種妙香，流入其手中。天人就以香塗身，塗完之後，又到衣樹處，此時衣樹會自然低下枝椏，於其樹枝之間生出種種微妙上好的衣服，只要伸手即可取來穿。

在《大方廣佛華嚴經》卷十五〈入不思議解脫境界普賢行願品〉中說「復有衣樹，名能清淨，常出眾色諸妙寶衣，垂布樹枝，以爲嚴飾」。

在忉利天帝釋天王所居住的林園中，就有一棵神奇的寶樹，叫做劫波樹，「劫波」是時間的意思，由此樹的花開花謝，可以知道天上的時間，所以稱爲劫波樹。

此外，劫波樹也是一種能達成心願，不可思議的寶樹，在古代印度的文獻記載中經常可見。

《起世因本經》卷一記載劫波樹的形貌：「復有劫波樹，亦高六拘盧舍，乃至五、四、三、二、一拘盧舍者，如是最小，高半拘盧舍，悉有種種葉花與果，從彼果邊，自然而出種種雜衣，懸在樹間，又有種種瓔珞之樹，其樹亦高六拘盧舍，乃至五、四、三、二、一拘盧舍者，如是最小，半拘盧舍，悉有種種葉華與果，彼等諸果，隨心而出種種瓔珞，懸垂而住。」

此樹為什麼稱為如意樹呢？根據《金剛頂經》卷四中記載，此樹能應時產生一切所之物，如衣服、莊嚴的飾物、日常資生用具等，因此而名為如意樹。因為劫波樹能出生種種衣具、珍寶等，因此又稱為「衣樹」。

在印度，經常有將香花、瓔珞等寶物掛在樹上，普遍佈施大眾的習俗；其中所用來懸掛寶物的樹，就稱為「劫樹」或「寶樹」，這一種風俗習慣是根據忉利天喜林園，劫波樹能生成種種寶物之說而形成者。密教金剛界法在供養會中，也有結寶樹印，並誦念眞言，以表示供養劫樹的意義。

天神的苦惱

無論是從個人的福報及外在的環境享受來看，天界的生活看起來幾乎是人間幸福的極致了！然而，從佛法的觀點來看，這樣的環境有一個缺點，難以感受人生的苦迫，缺乏精進修行的動力，不易解脫生死。天人往往是當天福享盡時，就落到惡道受苦。

距離人間最近的四天王天，那裏的天人壽命相當於人間的九百多萬歲，忉利天的天人壽命相當於人間三千六百多萬歲。這麼長的壽命，讓他們經常忘記自己會死，不容易感受生命苦迫，難以生起修行的心念。這也是爲什麼佛法中認爲，天上並不是適合修行之處。但即使是再長的壽命，都有死亡的時候。

天人快死之前，會出現起五種身心及外境衰敗的徵兆，稱爲「天人五衰」：

(1)頭頂上美麗的華冠，忽然間出現凋萎的現象。

(2)天人所穿著的天衣原本是非常細軟潔淨的，此刻卻開始出現垢油膩等種種不淨。

(3)天人的身體本來是非常潔淨的，沒有人類的汗臭，但此時他們的腋下會開始流汗，身體健康走下坡

(4)天人的心思安定，不像人間一樣浮動，但此時會出現煩躁不安的情況，在自己的寶座無法安住。

(5)原本在身邊陪伴的天女或天男，開始嫌棄遠離。

如果天人開始出現了這五種明顯的徵兆，他們就知道自己的天壽快終了。

除此之外，在《大毗婆沙論》中有更細微的描寫：平時天人往來移動時，身上的衣服、瓔珞等莊嚴器具，自然會發出各種美妙的樂聲。但是當壽命將盡時，就不再發出此聲。

原本天人身上都會發出光明，晝夜恆常照耀。但是將臨命終時，這身光就會逐漸變得微弱、昏昧。

還有，天人的皮膚非常細滑，因此沐浴後，水滴原本是不會凝聚在於皮膚上的，但是臨命終時，身體開始迅速老化，變得沒有彈性，水滴就開始會附著在身上。

天人的眼、耳、鼻等六根本來都是非常活潑靈敏的，但是臨命終時，六根就會變得遲鈍呆滯，作用大大減弱。這時眼睛也會有明顯的變化，天人平日身力強盛，眼目安定不會瞬動，但是臨命終時，由於身力虛弱，眼目就經常瞬動不安。

由於天上的享受極爲快樂，活得又久，加上天人的色身光明美好，不像人間有疾病之苦。而生於天上的人，都有一定的福德，也沒有貧窮人需要濟助，因此天人每天除了享樂之外，並沒有機會行善、增長福德，也不容易生起修行解脫的心念。雖然佛菩薩也常到天上說法，許多天人也都具善心聞法，但往往一回去就忘得一乾二淨，到了臨命終五衰相現起時，要積善修行已經來不及了，往往天福享盡就墮入畜生等惡道，宛如存款花光了，一下子從富豪變成乞丐。

當然也有具善根的天人，在臨命終前，憶起佛陀，趕緊前去乞求救護，在臨終前的關鍵時刻，至心皈命佛法，而免於入於惡道的例子。

⊙天與阿修羅的爭戰

忉利天的自然環境華麗之極，帝釋天和此天的天人大部份的時間都在享受與娛樂，比較不如意的事，除了壽命將盡，五衰相現前之外，就是與阿修羅衆之間的戰爭。

忉利天的天人與居住在須彌山北大海底的阿修羅衆向來是世仇，常互相爭戰，互有輸贏，在《雜阿含經》卷三十五中就提到兩軍征戰時，帝釋天勸勉軍心的情形：「過去世時，天、阿須輪共鬥。時，天帝釋告諸天衆：『汝等與阿須輪共鬥戰之時，生恐怖者，當念我幢，名摧伏幢。念彼幢時，恐怖得除。』」其中所說的「帝釋幢」，是指帝釋天頂上的寶幢，代表著帝釋天，使天兵天將軍心振奮。的由來。

帝釋天與阿修羅戰爭，在經典中經常可見。著名的大白傘蓋佛母神，就是從這個因緣而來。某次帝釋天王與阿修羅戰爭時，帝釋天落敗，便向佛陀的祈求加持，於是佛陀從頂髻上現起千臂千眼的大白傘蓋佛母，將阿修羅衆嚇得潰逃而去，才結束了這場戰爭。

佛陀往昔本生為帝釋天王時，也曾與修羅征戰。當時阿修羅獲勝，帝釋天乘著千輻寶車逃走，阿修羅趁勝追擊。在逃亡途中，帝釋天生性仁愛，看到前方樹上有一個鳥巢，巢中有二隻幼鳥，眼看著寶車就要撞倒此樹了，沒想到帝釋天趕緊對駕車的天人人說：「樹上有二隻幼鳥，我們迴車避開吧！寧願我被賊人所害也不要傷了兩隻無辜的小生命。」御車者聽了，緊急剎車，回頭向修羅追兵來的方向前進。

這個突如其來的動作，讓窮追不捨的阿修羅衆嚇了一大跳，以爲他得到援軍，要回頭來攻打修羅大軍，因而不敢戀戰，迅速退走了。於是天人就因此打了一場莫名其妙的勝仗。

最接近人間的欲界天

在欲界中又分爲六層天，色界分爲十七層天，無色界有四層天，稱爲「三界二十七天」。

欲界天中，和人間關係最爲密切的是「四天王天」及「忉利天」。四天王天的四大天王（梵名catusra mab-rjik），是佛教中非常重要的護法，是欲界天之中，極力護持佛法的四位天王。

四大天王，以北方多聞天爲首，再加上東方的持國天王、南方的增長天王、西方的廣目天王，共爲四天王。四大天王又稱爲「四天王」、「護世四天王」及「護世天」等。他們住在欲界天中的「四天王天」，帶領著眷屬天衆，發願守護這個世界沒有災難，衆生安居樂業，福德財寶增長，入於正法，是與人間關係極爲密切的護法。

當我們到佛寺參訪時，在門口的地方，經常會看見四尊身形魁偉，穿著戰甲的天神塑像，這就是著名的四大天王。

依據《四天王經》所記載，四天王都從屬於忉利天的帝釋天王。他們在每月的六齋日，檢視人間的善惡行業，並勸勉衆生守戒行善。每月的八日是四天王的使者到世間出巡，每月十四日是四天王的太子出巡，每月十五日，四大天王親自出巡，回到天界向帝釋天稟報。天帝聽到人間持戒行善的事蹟多就歡喜，如果聽到行惡者多就悶悶不樂。欲界六天之中，以四大天王所統領的境域最爲寬廣。

四天王天再上去的天界是忉利天。忉利天是欲界地居天的最高層，統領四天王天、人間等。「忉利」是梵音音譯，意思是「三十三」，也就是「三十三天」。這裏的一日一夜，屬於人間百年。

三十三天安住在須彌山頂，這三十三天是在同一平面，而不是垂直分佈。忉利天天主是帝釋天王，住在中央的善見城，位於三十三天的中央，其四方各有八天，加上中央的善見城，共是三十三天。

忉利天的一晝夜，相當於人間百年，他們的壽命長達千歲，相當於人間三千六百萬歲。我們常說「天上一日，人間百年」就是指忉利天。

忉利天的天主帝釋天，也就是民間所稱的「玉皇大帝」、「天公」，傳說正月初九是他的誕辰，俗稱爲「天公生」。帝釋天王可說是和人間的交涉極深的一位天

帝釋天王統領欲界地居天

主。帝釋天也是佛教重要的護法，佛陀成道後不久，曾至忉利天宮為母親摩耶夫人講經，在諸多法會中，也常見帝釋天帶領無量天人來聞法。

帝釋天是佛教重要的大護法，他不只常向佛陀請示佛法，而且也經常用種種勝妙物品供養釋尊與僧眾。在經典中也常常可見到帝釋天請佛說法、聞佛說法或護持正法行人的種種故事。如：在佛陀於人間誕生時，帝釋天即以勝妙天衣跪接，當佛陀前往菩提樹下，即將成道時，帝釋也刈下吉祥草供養釋尊，而釋尊也在菩提樹下以此吉祥草敷成吉祥座，於此金剛寶座上，成證無上正覺。

佛陀成道後，上昇忉利天為佛母摩耶夫人說法時，帝釋即執寶蓋為佛陀的侍從，而佛陀說法圓滿，要返回人間時，帝釋天等即與天眾化現金、銀、琉璃三道寶階，讓佛陀依此返回人間。除此之外，六道眾生中如果有至誠學佛的，也往往能得到他的隨喜讚歎與護持。

佛陀曾在忉利天為母親說法後，再返回人間

居住於虛空中的空居天

欲界天中，除了四天王天和忉利天屬地居天之外，欲界其他四天都是居於虛空中，稱爲「空居天」。

⊙夜摩天

忉利天以上的天界，就屬於空居天的範圍。忉利天再上去是夜摩天，又譯爲「善時天」或「時分天」。此天位於須彌山上方，依於虛空而住，常受持快樂的果報。夜摩天一天一夜相當於人間二百年，這裏的天神壽命長達二千歲。身長四分之三俱盧舍，衣長四由旬。這裏的天人行欲之相和下方諸天的天人不同，他們只要相互擁抱就滿足了。

⊙兜率天

夜摩天再上去是兜率天，依於虛空而住。此天又稱爲「知足天」、「喜足天」，因爲此天的天神有一種特色，就是對於色、聲、香、味、觸、法等種種五欲感官的享受，能有所節制滿足，不會耽於逸樂。

兜率天一天一夜相當於人間四百年，此天天人壽命長約四千歲，衆生身長一俱盧舍，衣長八由旬。這裏的天神行欲之相，只要男女相互握著手就滿足了。

兜率天分爲內、外兩院。外院是天衆欲樂處，不容易聽聞佛法，內院爲彌勒菩薩目前的淨土，彌勒菩薩常在內院說法，稱爲「彌勒內院」。

古來許多高僧大德都發願往生彌勒淨土，像印度的無著菩薩、世親菩薩及中國的玄奘大師都是。

⊙化樂天

兜率天再上去是化樂天，因爲這個天的天人經常自在變化各種感官享樂的器具而娛樂，所以稱爲化樂天。

化樂天的一日一夜相當於人間八百年，此天天人的壽命爲八千歲。此天亦以三十日爲一個月，十二個月爲一年。身長一又四分之一俱盧舍，衣長十六由旬。男女之間的欲望，只要雙方相互凝視或微笑便滿足了。他們生育的方式，嬰兒是從父母的膝上化生，這裏的嬰兒一出生就已經像人間十二歲的孩子那麼大了。

⊙他化自在天

化樂天再上去是他化自在天，這是欲界天最上層天，由於此天常假藉他所化的愛欲境界而自在受樂，所以稱爲他化自在天，又稱爲「魔王天」。他化自在天一日一夜相當於人間一千六百年，天人壽命爲一萬六千歲。身長一又四分之三俱盧舍，衣長三十二由旬。男女之間的欲望，只要雙方相視，欲望即得滿足。

他化自在天的天王名叫波旬，也就是經典中常提到的「魔王波旬」，也有說他就是印度教「毀滅之神」濕婆神。佛陀在人間即將成道時，魔王波旬怕他脫出三界輪迴，不再受其控制，因此帶領了大批魔軍來擾亂，但最後都被佛陀所降伏。《大智度論》卷五十六中說，魔王波旬擔心佛菩薩出世化度衆生，令衆生拔除生死根本，不再入於欲界輪迴，或是衆生皈信佛法，就不再歸順魔王，如此魔界的勢力就消弱了，因此他常想盡辦法惑誘、擾亂修行者。

依禪定力所成的色界天

欲界天再上去是色界天。色界（梵文rpa-dhtu）的「色」有是指物質。此界位於欲界上方，但遠離欲界的染污，一切物質皆是清淨的。色界天的衆生離於一切欲望，不染著欲界粗重的欲望享樂，但是仍然執著於清淨微細的物質，因此被稱爲「色界」。

在色界天的天人，以禪定的淺深粗妙來又分爲四級，稱爲四禪天，分別是初禪天、二禪天、三禪天、四禪，越上層的天，禪定力越高深。

色界天的生命沒有男女的性別，也沒有憂、苦的感受。他們所著的天衣著都是自然而有，且以光明爲食物與語言。

傳說中的「上帝」、「造物主」，就是初禪天的大梵天王。

在《長阿含經》中說；當這個世界毀滅，即將形成新的世界之際，剛好有一部份的光音天的天人，天福享盡，命臨終時，從二禪天中的光音天命終，出生於空梵處。當時最先出生的梵天，就認爲自己是宇宙的創造者。

而後來出生的梵天，也認爲自己是被大梵天王所創造的，大梵天以自主獨存，認爲自己是衆生之父，乃自然而有，無人能造之，後世一切衆生皆由其化生；他並自認爲已盡知諸典義理，統領大千世界，以最富貴尊豪自居。在印度教的傳說中，也有大梵天創造人類的傳說。

後來大梵天王被佛陀度化之後，成爲重要的天神護法之一，和帝釋天一樣是護持佛法、鎭國利民的兩位重要天神。

色界的天人，還有具體的身形存在，也有天宮等建築，到了無色界的生命就沒有任何物質相的存在了，也沒有宮殿等建築，只是心意識的或相續或靜止。這個世界的生命，可以說是在禪定中的精神體。無色界有四天：空無邊處、識無邊處、無所有處、非想非非想處。

在欲界、色界等諸天界中，每個天界國家都有各自的領袖，稱之爲「天王」。例如，在欲界天的四王天中，有東、南、西、北四天王，日、月、諸星都是其臣衆。忉利天中，則是以帝釋天爲天王，統領三十三天的天衆。在兜率天，釋迦牟尼佛降生人間之前，就曾是兜率天天王。

超越一切物質現象的無色界諸天

無色界（梵名arupya-dhatu）沒有物質現象，只剩下受（感受）、想（思想）、行（意志）、識（意識）等四種生命特性。

無色界又名為四無色天、四無色處，可分為四天，即為一、空無邊處天，二、識無邊處天，三、無所有處天，四、非想非非想處天。

這四種禪定境界能超離於一切物質現象（色法）的纏縛，依止於精神現象（無色法）而存有，此定從境得名，所以名為「無色定」。

在四空處天之中，一切現象都是無形無質，就像虛空般的存在。在這四無色天的定境中，惟有存在於心念與心念之間的相互依止，所以這四種定心亦名為「定處」，並以所憶念觀照的境界為依止之處。

要入於無色界天，必須修學對治物質現象（色法）的繫縛，並除滅一切物質外境的感受與思惟，藉以除滅一切物質色法的修行，而達到依止於如虛空無色的純粹精神境界，也就是只依存於念念相續，而沒有任何相對的物質色法的現起與思惟的定心之中。

⊙空無邊處天

空無邊處天的天人，由於心緣於無邊的虛空境界，而意念毫無分散，既無物質色法的纏縛，而且心念意識完全的澄靜而且自在無礙。

⊙識無邊處天

入於識無邊處的天人，是由於厭棄虛空無邊，觀察虛空所緣的受、想、行、識，是如病、如癰、如瘡、如刺一般不可愛樂，並且是無常、苦、空、無我的，是欺誑不實和合而有的虛幻境界進而入於識無邊處天。

識無邊處天的禪定境界之中，不會見到任何的事相，只見到現在的心識，念念不住而且定心分明，心識廣闊，無量無邊，而在禪定中，並且能憶起過去已滅的無量無邊心識，以及未來應起的無量無邊心識，所有三世的心念皆在定中現起與識法相應。

⊙無所有處天

修習無所有處定的天人，由於觀察識無邊處的過患，訶責識無邊處定及觀破識無邊處定的境界，因此得生於無所有處天。

生於此天的天人，自心怡然寂靜，絕斷諸衆心念，一切心想皆不生起。此時連心相也不可見，因爲心中無所分別，所以名爲無所有處天。

⊙非想非非想處天

非想非非想處天，所謂「非想」，是因爲在此天的天人，已經滅除了粗想的心念，而其中雖然尚有微細的心念，但由於太微細了，所以無法運思並且難以覺察的緣故，所以稱爲非想，但是由於尚有甚深微細的心念，故又稱爲非非想。

非想非非想處天的禪定，是所有世間禪定中最細密、最高的禪定，也是世界存有的最終感受，可以說是世間禪定的顚峰。

魔王的世界

和天神相對的，是專門阻礙人爲善、修道的惡魔，能破壞求道之心志，障害善事，並破壞自他身命之惡神、鬼神。也是干擾人修行之惡人、惡事、惡神之通稱。

佛法中的惡魔（梵māra）音譯爲「魔羅」，是指奪人生命，障礙一切善事的惡鬼神，又稱「魔羅」，意譯爲「殺者」、「奪命」、「能奪命者」、「障礙」。除了能奪取人的性命之外，還包括了傷害修行人的法身慧命。所以《大毗婆沙論》卷五十二中說：「何故名魔答：斷慧命故，或常放逸而自害故。」也就是說魔能斷人慧命，或是耽溺五欲放逸而傷害自身。

在《大智度論》卷五中說：

「奪慧命，壞道法、功德、善本，是故名爲魔；（中略）破種種善事故，佛法中名爲魔羅；是業是事，名爲魔事。」

除了具相的魔王之外，更廣泛的說，《大智度論》卷六十八說，魔有煩惱魔、五陰魔、死魔、天子魔等四種，也就是一切障礙煩惱，身心色、受、想、行、識五蘊，死亡，及能破壞衆生福德解脫的魔王波旬，都是屬於魔障的一者。

此外，舊譯《華嚴經》卷四十二中說魔有十種，貪著五陰稱爲五陰魔，煩惱能染污障礙稱爲煩惱魔，自憍慢稱爲心魔等等。而在《大乘起信論》中也提及有被魔邪諸鬼所惱亂之事。《大智度論》卷五十六中說：「魔作龍身種種異形、可畏之像，於夜晚來恐怖行者；或現上妙五欲，壞亂菩薩。」這是說，魔除了以種種可怕的形像來令人恐怖之外，也會以種種上妙五欲歡樂誘惑來破壞衆生的修行。

三種鬼神魔

而在《釋禪波羅蜜次第法門》卷四中記載，魔化現的形像有千百種，能惱亂修行、障蔽禪定。如果行者若不善加分別而祛除之，那麼就會使魔得其便，造成身心恐怖，阻礙精進。

智者大師將其前來干擾行者的鬼神分爲三種類型：

一、精媚鬼：這種鬼由精靈變化而厭媚於人，以相應於十二個時辰的子鼠丑牛等獸爲種種相，或化作少男、少女、老人的外形，或是化作種種可怖的形相來惱亂行人。而且，從不同的時辰也可以看出是什麼魔，例如，如果在卯時來的魔，可能是狐狸、兔子之類，如果能叫出其名字，精媚即消散。以此類推，其他時候來的精怪，直呼其名字，也會消滅。

二、埠惕鬼：「埠惕」是指兇惡的夜叉。根據《摩訶止觀》記載，在拘那含佛末法之時，有一個比丘，經常惱亂其他比丘，被僧衆所擯出，於是他就發下惡誓，要經常惱坐禪之人。這個鬼經常化作種種形貌，有時像蟲一樣，有時頭上長滿了刺狀，緊抱著人不放，或是發出怪聲喧鬧，化作各種惡獸的形狀來惱亂行人。

如果碰到這種情形怎麼辦呢？書中說，行者應立即覺知，而且心中暗地呵罵彼鬼：「我知道你是什麼鬼，你是××鬼，我修持淨戒，不怕你。」接著再誦戒律來退魔，據說此時魔就會退去，不再來惱亂。

三、魔羅鬼：魔羅，意思是「能奪命」。這種鬼能奪修行人法身智慧之命。他們大多化現三種形相來惱亂行人，有時顯現醜陋的外貌、可怕的音聲等可怖的外境，虎、狼、獅子、羅剎等令人恐怖等的外形，或是示現美色、嬌媚的音聲等令人貪愛之相，或示現平常的樣子擾亂行人之心，障礙禪定。

另根據《增一阿含經》卷二十七記載，魔王波旬具有色力、聲力、香力、味力、細滑力等五種力量。

除了令人驚駭的眾魔軍之外，還有另一種內在的魔。在《佛本行集經》卷二十五中認為煩惱為魔軍，而魔王波旬有：欲貪、不歡喜、饑渴寒熱、愛著、睡眠、驚怖恐畏、狐疑惑、瞋恚忿怒、競利爭名、愚癡無知、自譽矜高、恆常毀謗他人等十二種魔軍。《大智度論》卷五中也說：欲望、憂愁、饑渴、愛、眠睡、怖畏、疑、含毒、虛妄的名聞利養、自高慢他等十種魔軍。這都是以種種煩惱譬喻爲魔之軍勢，並說菩薩降伏這些魔軍而成道。

根據《長阿含》卷二〈遊行經〉、《增一阿含經》卷二十七、《佛本行集經》卷二十五所述，魔王名爲波旬，有色力、聲力、香力、味力、細滑力等五種誘惑人眼、耳、鼻、舌、身的力量，魔王又有魔女、魔鬼等，常擾亂佛及其弟子等，妨礙衆生修行。

◉魔王波旬

魔王波旬正是欲界第六天他化自在天王，可以說是天神之一。他也被視爲印度教的「毀滅之神」濕婆。

他化自在天的嬰兒初生時，就如同人間十歲的孩童，相貌圓滿，自然穿著妙好的天衣。在此處天人的壽命大約爲一萬六千歲，有的會中途夭折。此處的男女關係，互相意愛注視即成淫，如果想要孩子時，心念一動就自然有孩子化生。

魔王惟恐佛及菩薩出世化度衆生，使衆生皈依佛法，解脫生死輪迴，而脫離欲

魔王波旬為他化自在天天子

界魔王的掌握，所以心生妒恨而干擾修道之人。

捨棄俗家，出家修行的比丘，正是令諸魔感到恐怖的人，稱爲「怖魔」。比丘（梵語bhikṣu）也就是「怖魔」之意。因比丘必得入於涅槃，而令魔王及魔人民怖畏，故稱怖魔。在《大智度論》卷三中說：「比名怖，丘名能，能怖魔王及魔人民。當出家剃頭、著染衣、受戒，是時魔怖。何以故怖？魔王言：『是人必得入涅槃。』」

在《大智度論》卷五十六中說：「魔名自在天主，雖以福德因緣生彼，而懷諸邪見，以欲界眾生是己人民。雖復死生展轉不離我界，若復上生色、無色界還來屬我。若有得外道五通，亦未出我界，皆不以爲憂。若佛及菩薩出世者，化度我民，拔生死根，入無餘涅槃，永不復還，空我境界。是故起恨雠嫉。又見欲界人皆往趣佛，不來歸己，失供養故，心生嫉妒，是以以佛菩薩名爲怨家。」其中說，魔即自在天天王，雖然因爲福德而生於天上，但是由於心懷邪見的緣故，將欲界的衆生當做是自己的屬民。他認爲如果衆生只是修到更高的天界，最後還是會再墮落回到欲界，所以還可以掌控，並不會太在意，但是如果是佛菩薩度化衆生，使其解脫三界輪迴，這時魔王就大大的緊張了，所以對朝向解脫之道的修道者，總是無所不用其極的去破壞。

在佛陀的八相成道之中，有一相即是成道之前的降魔。在《普曜經》卷五、《方廣大莊嚴經》卷九記載，魔王命魔女對菩薩行種種媚惑，更令夜叉與衆惡鬼作多種變化，以惱亂菩薩，然菩薩均一一破此魔之軍衆而成道。在《佛本行集經》卷二十九、《過去現在因果經》卷三、《佛所行讚》卷三等之佛傳經典中，都有關於佛陀降魔的記載。

佛陀降魔

當佛陀還未悟道前，身爲菩薩時，經過六年苦行，發現苦行無助於解脫，於是他捨棄苦行，決心以禪定來悟道。他在菩提樹下鋪上吉祥草，並發誓道：「如果不成就正等正覺，誓不起此座！」。

當他在樹下進入甚深的禪觀，一心精勤的求道時，引發了魔宮極大的震動。

魔王知道悉達多太子即將成道，如此一來，不只是太子即將永久脫離魔王的控制，也將爲無數衆生開啓解脫之路，出離三界，大大震驚了魔王。

凡是要超越欲望脫出生死輪迴者，就等於是要脫出魔王的轄區。號稱爲欲界至尊的魔王，決心要阻撓太子，使他退失道心。

魔王有三個女兒，無數的修行者在她們的誘惑之下，都捨棄了修行，耽染於愛欲之中。

她們帶著諸多魔女，化現爲各種年齡層的女人，有天眞清純的小女孩，有正値花樣年華的妙齡少女，有初嫁的少婦，有成熟的女性，或是露齒淺笑，或是婉轉歌唱，或是若有所思地用嫩白的腳在地上畫著圈圈，或是若隱若現地露出性感的酥胸美臀，全身薰上最勝妙香，佩著最美麗的首飾瓔珞，她們用女人各種最能媚惑人心的百態，包圍著菩薩。

「太子，您在樹下坐這麼久，累了吧？請吃一些東西，這是我們姊妹親手爲您準備的。」

「您貴爲太子，出生即有萬神侍候，何苦要捨棄榮華富貴，受這種苦呢？讓我們替你按摩按摩吧！」魔女伸出嫩藕似的雙手奉上寶鉢，用銀鈴般悅耳的聲音此起彼落地說著。

菩薩不但不爲所動，還告訴她們：「你們只因種植了一些微小的善因，而得以生於天上，感得美貌姝麗色身，卻不知感念無常，而作此妖媚狀，來壞人道行，如此死後，要免除落於三惡道受苦恐怕也很難吧。你們回去吧！我不需要你們。」

忽然間魔女們美好細滑的肌膚，變成透明的薄膜，不但露出血淋淋的內臟，連胃裏的食物，腸子裏的糞便都一清二楚，體內無數微小的怪蟲，啃食她們的細胞。原本青春美好的女郎，忽然變成髮白面皺、齒牙動搖的老太婆。細緻光滑的皮膚變得乾癟，性感的細腰變得腹大如鼓，要以柱杖支撐才能勉強站立，她們驚叫地掩面退去。

菩薩不被愛欲所誘惑，還讓魔女變得醜陋無比，魔王更爲震怒，立即發動無量魔軍，手持種種可怖的武器，來到菩薩處，他們有著龍頭、熊、羆、虎等種種可怖怪獸的頭，有的一身多頭，有的多頭上各有一目，有的大腹長身，有的長腳大膝，或身著虎皮，或身上纏繞著無數毒蛇，或是頭上放著瞋恨的火焰，無量的魔衆，有的在空中旋轉，有的咆哮怒吼，威嚇恐怖，圍繞著太子，就像要把他撕裂成千萬片一般，他們瞋心熾盛，甚至連毛孔中都流出血來，將天空擠得如同烏雲密佈，發出恐怖的聲音，天地震動，天人善神驚恐的退避遠處，憂心地看著被魔軍圍繞的太子。

但是菩薩卻不被這一切恐怖威嚇所動，面不改色，就像師子處於鹿群中一般。

有的魔鬼口中吐著長長的舌頭，搖動下頷，露出銳利的牙齒，作勢要咬他，有的鬼怒睜雙眼，像師子一樣，耳朵拳曲成像鐵鉤一般，恐怖地走來，有的鬼張口仰立，雙眼直視，一副要將他吞下的樣子。有的鬼想用長刀擲向他，刀卻粘在手上，有的鬼舉起巨石要丟向他，不是粘在手上，就是停在虛空中掉不下來，或是自然碎成粉末散在各處。有的惡魔從空中降下火雨，但是到了菩薩身上就變成美麗的天花。有的魔鬼從口中吐出各種毒蛇，要螫咬菩薩，但是爬到了菩薩附近，卻都像著了咒一樣動彈不得。有的快速衝向菩薩，卻老是在附近打轉，無法靠近。

魔軍魔眾發出獅虎豺狼等種種野獸的吼聲，或是喊著：「打！打！打！」「殺！殺！殺！」空氣中瀰漫著殺氣。魔軍使盡各種威力要摧毀菩薩，憤怒叫囂，以各種武器發動攻擊，在菩薩眼中卻像小孩子的遊戲一般，這讓魔眾更加憤怒，而採取更強大的攻擊。

種種雷電戰火，化成了五彩繽紛的天花，惡龍所吐出來的毒氣，變成了和煦的香風，各種恐怖醜惡的形貌，欲惱害菩薩者，卻無法動菩薩一毛。只見菩薩身心泰然，一點也沒有瞋恨怨怒的心念。這些魔眾，卻於無怨恨處，橫生忿恨，然而，這種愚痴的行爲，卻像人手持火把燒天一般，只是徒自疲勞，一點用處也沒有。

經過一番陣仗，魔軍使盡全力，卻像遇到虛空一般，一點也使不上力，自然崩散，大眾容憔悴，一點也沒有先前的威風，武器散落在林野，無精打彩的退散而回。大地回復平靜，而菩薩也在見到清晨的曉星時，悟得無上正等正覺，成就圓滿的佛陀。

佛陀成道之後，魔王還是鍥而不捨，經常藉機擾亂其及弟子。例如，在佛陀成道未久之時，佛陀於菩提樹下靜坐思惟，惡魔波旬就前來嬈亂，他對佛陀說：「瞿曇若自知，安隱涅槃道，獨善無爲樂，何爲強化人？」意思是說，諸佛安穩的涅槃聖道，你自己知道受用就好了，能懂的有幾人，何必勉強度化他人呢？」

又有一天，佛陀到村中乞食，空而回，惡魔看了就告訴他：「佛陀，如果你現在再去乞食，必定能得到食物。」佛陀吟了一首詩回答他：「雖未得食，吾亦樂之，如光音天以喜爲食而住。」意思是：雖然乞食未得，卻不影響佛陀的安樂。

惡魔也常用一些似是而非的道理來「勸化」佛陀。例如，有一次，惡魔就對佛陀說：「有孩子的人，因孩子而歡喜，有牛的主人，因牛而歡喜；可見人因爲有所依恃始得歡喜，如果無所依恃，則無歡喜。」佛陀聽了就回答：「有孩子的人，因爲孩子而擔憂，有牛的主人，因爲牛而憂心；這正說明人因爲有所依恃，所以會擔憂，如果無所依恃則無擔憂。」象徵親情的孩子和象徵財富的牛隻，一般人以爲擁有是歡喜的泉源，卻不知擁有也正是憂悲苦惱的出生之處。

◉魔王勸請佛陀入滅

佛陀具足廣大的神通力，可以住世非常長久的時間，活得很久，但是經常在一旁伺機而動的魔王，卻遮住了衆生的眼目，勸請佛陀入滅。

年近八十的佛陀，在舍衛國祇樹給孤獨園安住了三年之後，又來到毘舍離城。有一天，佛陀告訴隨侍弟子阿難：「如來是得證四種如意神通的人，能夠在世間住世一劫那麼久的時間，現在如來壽命多少呢？」

但是當佛陀問了三次之後，阿難卻都沒有回答；因爲天魔蒙蔽了阿難的心，所以阿難不但沒有理會佛陀，更從座位上起身，留下佛陀，獨自到森林中禪坐。而天魔就趁這個空檔現身，勸請佛陀入滅。

「佛陀啊！您在世間教化衆生已經很久了，承蒙佛陀教化的衆生，宛如塵沙那麼多。現在應當是您享受寂滅涅槃之樂的時候了！」天魔殷勤地勸請著。

這時佛陀就取了少許土放在手上，問天魔說：「你看是大地的土多呢？還是我手上的土多？」

「當然是大地的土比較多。」天魔不假思索的回答。

「是啊！我所度化的衆生，不過如手中的土，未度的衆生卻如同大地土。雖然如此，但我住世的因緣已盡，再三個月之後，我將入於涅槃。」

天魔聽了非常歡喜，確定目的達到了，就高高興興的回去了。

這時，阿難在森林中，忽然作了一個奇怪的惡夢，他夢見森林中本來有一棵大樹，枝蔭十分濃密，忽然間卻刮起驚急的大風，將大樹摧散無餘。阿難醒來之後非常恐懼，急急忙忙回來向佛陀請問：「佛陀啊！這是您要入於涅槃的象徵嗎？」

「阿難啊！我本來已經告訴你了，依佛陀的神力，可以住世一劫，但是你當時被天魔所蒙蔽，所以沒有祈請我留在世間。魔王已經勸請我早入涅槃，我也答應了，因此你會有這個怪夢啊！」佛陀平靜地回答阿難。

從經典中的記載來看，我們可以發現，「魔」和「鬼」的特質不太一樣。

總約而言，鬼的擾亂層面較屬於外在的，而魔的擾亂則是較深層的，深入心靈層面，特別是擾亂人修行解脫的意向，斷人法身慧命。

或許魔王與魔軍，也是人類心靈深層黑洞，在恰巧的因緣時節下，所展現的具體形象吧！

第六章 奇幻魅影——天龍八部

佛教中的精靈鬼怪，除了前面幾章所介紹的鬼、神、惡魔之外，還有許多神秘的生命。在佛法中統稱他們爲「天龍八部」。

他們包括了天上的天神、神秘的龍、可怖的夜叉、善於彈琴的天神藥師乾闥婆，站在海中，雙手以香爲食，能夠摸到日月的阿修羅，展開雙翅達百萬里的巨鳥迦樓羅，緊那羅，及巨大的蟒神摩羅睺伽。幾乎在每一部經典中，我們都可以看見衆多的八部衆來聽聞佛法，雖然他們經常不是主角，但卻發心護持佛法的流佈。

這些八部衆中，很多是尙未解脫的護世聖衆，他們大多個性鮮明，彼此間也有著深刻的交涉，他們的出現讓佛法更加豐富，熱鬧莊嚴。天神在前面我們已經介紹過了，以下，我們就來看看其他的八部眾。

呼風喚雨的龍王

無論在東方或西方，對龍向來都有著神秘的傳說。

在西方世界認爲龍是傳說中的一種怪物，通常被想像成一隻巨大的蜥蜴，長著蝙蝠的翅膀、身披鱗片、能噴火；也有傳說龍是一條巨蛇，有帶刺的尾巴。在希臘語中，龍原來是指任何一種大蛇。在西方，蛇或龍都是邪惡的象徵，例如埃及的阿佩皮神就是冥界的一條大蛇。

由於龍既有保衛的力量，也有使人感到恐怖的能力，所以很早就被用來作爲戰爭的標幟。在《伊里亞德》中，國王阿伽曼農的盾牌上，便裝飾著一條藍色的三頭蛇，並把他們的船頭刻成龍頭形。在被諾曼人征服以前的英國，龍是皇家的主要戰爭徽記。在二十世紀，龍的形象正式被畫入威爾斯親王的勳章。

而中國對龍的看法與西方則大不相同。龍是中國神話中非常重要的動物，傳說其能隱能顯，春分時登天，秋分時潛淵。又能興雲致雨，後來成爲皇室的象徵。歷代帝王都自命爲龍，使用器物也以龍爲裝飾。但在遠古傳說中，龍是可馴養的，如帝舜時董父、夏孔甲時劉累和師門都能馴龍。

龍（梵語nāga），梵名音譯爲那伽、曩誐。在印度神話中，龍是人面蛇尾之半神，種族有一千，爲迦葉波之妻歌頭所生，住於地下或地下龍宮。印度自古以來即有稱爲「龍族」的種族，並不屬於雅利安人種，散居於現今印度東北阿薩密地方及緬甸西北部等地，他們崇拜龍、蛇。

在經典常常可見關於龍的記載，許多龍王都是佛教的守護者。龍族居住在水中，能呼雲興雨，屬於蛇形鬼類，也是守護佛法的八部衆之一。

雖然龍擁有呼風喚雨的能力，及廣大無盡的財寶庫藏，但也有難言的煩惱。除了少數幾位大龍王之外，大多數的龍族都有三種苦惱：

他們經常受到被熱風、熱沙著身，皮骨肉髓被燒灼的痛苦。此外，他們在龍宮裏，經常會發生突然刮起的惡風，讓他們本來穿著美好的衣服及莊飾的珠寶瓔珞都散落各地，現出赤裸的龍身。最可怕的是，他們在龍宮裏遊玩時，突然會有龍族的天敵迦樓羅金翅巨鳥，飛進來攫捉諸龍吞食。

關於龍的種類，在《翻譯名義集》卷二中將其分成四種，一種是守護諸天神宮

難陀（右）與跋難陀（左）龍王能順人心意調御風雨，使人歡喜

殿的龍，第二種是興雲降雨，利益人間的龍。第三種是地上的龍，能決江開瀆，第四種是守護人間寶藏的龍。

什麼樣的人會投生於龍族呢？經典中說，投生於龍族中的因緣有四種：他們生前大多行布施，但是經常自貢高傲、輕慢他人，而且容易生氣。具有這種特性的人，容易投生爲龍。

⊙威力巨大的龍王

龍族的領袖稱爲「龍王」，他們具足強大的威力，經常作爲佛教的守護者。像善住龍王、難陀龍王、阿耨達龍王等大龍王，都是行大乘佛法、精進修行的龍王。他們的眷屬也都瞋心淡薄，而且憶念福德，能隨順法行。這類善良的龍王，稱爲「法行龍王」，他們不像一般龍族一樣會受到熱沙之苦，而且以善心依照時序降雨，使世間五穀成熟。

相對於善良的法行龍王，另外有一類惡行的「非法行龍王」，他們不順法行，行不善法，不敬沙門及婆羅門，所以常受到熱沙燒身的苦果，這些惡龍常在閻浮提現起大惡身，興起暴惡雲雨，使世間一切五穀損害。像波羅摩梯、毗諶林婆、迦羅、樓樓等龍王，都是著名的非法行龍王。

在《佛母大孔雀明王經》中說，龍王有時行於地上，也常居於空中，常住在勝妙高山或在水中。至於他們的形貌，或有一首、二頭，乃至於多頭的龍王，或有無足、二足、四足，乃至多足的龍王。

在諸尊龍王中，以五大龍王及八大龍王最爲著名。

五大龍王又稱爲五類龍王，分別是指：善住龍王、難陀波難陀龍王、阿耨達龍王、婆樓那龍王、摩那蘇婆帝龍王。此五大龍王都是虔誠的佛弟子，本身也是大乘佛法的實踐者。他們都約束自己的眷屬，不得對衆生作出種種嬈害之事。

除了五大龍王之外，還有所謂的「八大龍王」，他們是列於《法華經》法會座上的護法善神。此八位龍王，即：難陀龍王、跋難陀龍王、沙伽羅龍王、和修吉龍王、德叉伽龍王、阿那婆達多龍王、優婆羅龍王等八位大龍王。

難陀龍王，意譯爲「歡喜龍王」，可說是一切護法龍神的上首。在《法華經玄贊》卷二記載，難陀龍王善於順應衆生的心意，能調御風雨，深得世人歡喜，因而有「喜龍王」之稱。

而跋難陀龍王，意譯爲「賢喜龍王」，他和難陀龍王是兄弟，二者常並稱爲難陀婆難陀。這兩位龍王在未皈依佛法之前，也是出了名的火爆浪子。在《增一阿含經》記載，當佛陀到忉利天爲摩耶夫人說法時，許多具足神通的沙門都一起飛往忉利天，刹那之間虛空中變得熱鬧異常，但是難陀和優波難陀龍王兄弟倆看了這麼多人在他們頭頂上飛來飛去，心裏卻很不痛快，於是放出大火風來阻止大衆，最後被神通第一的目犍連尊者所降伏而皈依了佛陀。

娑伽羅龍王，意譯爲「海龍王」，又稱「娑竭羅龍王」，自古以來常作爲修持祈雨法的本尊。根據《起世經》卷五記載，這位龍王是金翅鳥王所不能捕取的，他的龍宮從來未曾被金翅鳥王之所驚動。

娑伽羅龍王是主管降雨之龍神，古來修祈請降雨之法時，常以之爲本尊。在《華嚴經》卷三十四中記載，娑竭羅龍王，興起雲雨普遍覆蔭四天下，於一切處依其所需降下不同雨量，這是隨順因緣，其心中卻是平等，無有分別的。

經中說：「譬如娑伽羅龍王，欲現龍王大自在力，爲欲饒益群生類故，從四天下乃至他化自在天處，興大重雲遍覆六天。（中略）爾時龍王起若干風降微細雨，饒益安樂無量眾生，從四天下上至六天，普雨種種無量異雨。（中略）然彼龍王。其心平等無有彼此。但以眾生根不同故，雨有差別。」

經中說，這位娑伽羅龍王降雨可是大有學問的，從天上到人間，沿路降下的雨都不一樣，像在他化自在天，他所陂的雨就是歌聲娛樂等音聲，在兜率陀天就雨下頂髻明月神珠，在夜摩天就降下種種莊嚴寶具之雨，在忉利天就雨下種種妙香，在四天王就雨下種種寶衣，在龍宮就雨下種種赤明眞珠，在阿脩羅的國度就雨下種種名爲降伏怨敵的刀仗武器，如此隨著各地衆生需求不同，而降下種種雨。

娑伽羅龍王也是佛教重要的護法之一，在《法華經》、《華嚴經》中都有此龍王前來聽法、護持的記載。而《海龍王經》、《佛為海龍王說法印經》、《佛為娑伽羅龍王所說大乘經》及《十善業道經》等經，都是佛陀特地為此龍王所宣說的經典。娑伽羅龍王也是發願護持觀世音菩薩的觀音廿八部衆之一，在《千手觀音造像次第法儀軌》描寫其形像為身色赤白，左手執赤龍，右手握刀。

和修吉龍王，意譯為寶有龍王、寶稱龍王、多頭龍王、九頭龍王，又稱婆修豎龍王、筏蘇枳龍王。他的身形極為巨大，能環繞須彌山。

德叉伽龍王，意譯為多舌龍王、兩舌龍王、視毒龍王、現毒龍王、能損害龍

海龍王娑伽羅也是佛教的重要護法

王，他的威力強力，僅僅以怒視就可以殺人。

阿那婆達多龍王，意譯為無熱惱龍王，又稱阿耨達龍王，住在雪山頂的阿耨達池。

摩那斯龍王，意譯為慈心龍王、大力龍王、大身龍王。為什麼摩那斯龍又稱為慈心龍王呢？傳說他在降雨時，以慈心為眾生考量，降雨之前會先起雲，等待七日，大家看見要下雨了，將該準備、防範的工作都做好了，摩那斯龍王才降雨。在《大方廣佛華嚴經》中說：「譬如摩那斯龍王，將欲降雨，先興重雲彌覆虛空，凝停七日而未降雨，先令眾生究竟諸業。何以故？彼大龍王，慈悲心故。過七日已，漸降微雨普潤大地。如來應供等正覺，亦復如是，將雨法雨，先興法雲普覆眾生，未便即雨甘露正法，先令眾生成熟諸根。諸根熟已，然後漸降甘露法雨。若即說深法，眾生恐怖，是故如來漸漸微雨一切種智甘露法味。」經中以此來比喻佛陀說法、降下法雨時，也是如此，先興起法雲普覆眾生，令眾生善根成熟，再降下甘露法雨，以免一下子講甚深大法，令眾生生起恐怖。

此外，摩那斯龍王也被稱為「大身龍王」，它的龍身長度能繞須彌山七匝，所以稱爲「大身」。在《法華文句》卷二中說，有一次當修羅王排山倒海，要水淹龍王所居住的喜見城時，摩那斯龍王就以其身來阻斷海水。

除了這些著名的大龍王之外，還有許許多多的龍王，像在《佛母大孔雀明王經》中，更舉出佛世尊龍王以下，乃至小白龍王等一百六十餘種龍王的名稱，而且說這些皆是具足福德的龍王，如果能稱念其名，則能獲得廣大利益。這些龍王在大地上，有時發出震響，有時放出光明，或降甘霖，使苗稼成熟。在《大雲輪請雨經》中也提到難那龍王，乃至尾羯吒等諸多龍王，並說這些龍王各自有其眞言陀羅尼，能夠施予一切衆生安樂，於贍部洲依時序降注甘雨，使一切樹木叢林藥草苗稼皆得增長。

除了龍王之外，龍女、龍子也是經典中極特殊的一群，在《海龍王經》提到海龍王有子名爲威首，獲佛授記。而海龍王有女名寶錦，亦獲佛授記。此外，《法華經》中有龍女成佛的故事，更是耳熟能詳。這是《法華經》中所記載，年僅八歲的龍女，由於受持《法華經》的功德而即身成佛的因緣。這位龍女是娑伽羅龍王的公主，年僅八歲，但是智慧猛利，對諸佛所說的甚深祕藏都能受持，於刹那間發起菩提心，即得不退轉。接著她以一顆寶珠獻給佛陀，以此功德願力，忽轉女成男，具足菩薩行。剎那頃住於南方無垢世界，坐寶蓮華中，成正等覺。

⊙龍宮傳說

龍王所居住之處稱爲龍宮。在《長阿含經》中說到龍宮的情景：「大海水底有娑竭龍王宮，縱廣八萬由旬，宮牆七重，七重欄楯，七重羅網，七重行樹，周匝嚴飾皆七寶成，乃至無數眾鳥相和而鳴。」

而在《正法念處經》中也提到德叉迦龍王的宮殿：「過軍闍羅山……有一大海，於海水下五百由旬，有龍王宮，種種眾寶以爲莊嚴，毗琉璃寶，因陀青寶，頗梨欄楯，七寶莊嚴，光明摩尼種種眾寶，莊嚴殿堂，重閣之殿，猶如日光，有如是等無量宮殿，德叉迦龍王以自業故，住此宮殿。」

傳說佛法隱沒時，龍宮即爲護持、祕藏佛典的地方。相傳龍樹菩薩即是獲大龍菩薩接入龍宮，開七寶藏，授與諸方等深奧經典。

當初龍樹菩薩入山中佛寺出家受戒，在九十日中即誦完經律論，想再求取其他經典，都不可得。之後他周遊諸國，希望求取更多經典，卻仍然毫無所獲。

此時他心中生起了驕慢，認爲佛法也不過爾爾，於是決定另創新教。有一位大龍菩薩爲了悲愍他的無知，即接其入於海中，並爲其開啓藏於龍宮中的無量經典寶藏，並教授他各種深奧經典、無量妙法。

龍樹菩薩在龍宮閱藏九十天，心意通達。大龍菩薩知道他的驕慢已經降伏，就問他：「這些經典你都看遍了嗎？」

龍樹回答：「您的這些函夾中，有無量經典，實在不可窮盡，至今我所讀的已經十倍於人間的經典了。」大龍菩薩微笑地說：「如我宮中所有經典，在其他地方還有比此處更多的經典不可數。」龍樹菩薩此時才深感佛法的廣大無盡。

大龍菩薩送他回到人間之後，龍樹菩薩即大弘佛法，闡明大乘之義，著名的《中論》即是其所著。

乾闥婆──天神的樂師

乾闥婆（梵文gandharva），意思是「食香神」。「乾闥婆」是「食香」、「尋香」的意思，因為他們不像人間吃一般的食物，而是以香氣為食，因此而有這個名稱。

在印度神話中，他們原來是帝釋天王屬下，專門掌管音樂的樂師。在《大智度論》卷十中記載，有一位乾闥婆王曾經到佛陀說法的法會上彈琴讚佛，這時三千世界的生命及山河、樹木都隨著這個琴聲擺動起來，連平日最嚴肅的摩訶迦葉尊者都忍不住站起來舞蹈。

在《撰集百緣經》卷二裏，就有乾闥婆神較量琴技的故事。當時佛陀住在舍衛國祇樹給孤獨園教化的時候，城裏住有五百位乾闥婆，非常善於彈琴，經常彈琴供養如來。

當時在南方有另一位名叫善愛的乾闥婆王，也是精於琴藝，而且在其國內是第一把交椅。他聽說舍衛國裏乾闥婆王的聲名遠播，非常不服氣，於是從南方來到北方，沿途過關斬將，歷經十六大國，琴技無人能比。當時聽了他彈琴的群衆，不情不自禁地樂歌舞，狂醉放逸，不能控制，群聚跟在他後頭來到舍衛城。

他前往拜會舍衛國的國王波斯匿王，並告知來意：「大王，久聞您城中的乾闥婆王琴技高超，是否能讓我見識見識呢？」自負的善愛乾闥婆王驕慢地說著。

「哦，實不相瞞，他們就住在離此地不遠之處。」波斯匿王希望能度化他，就將他帶到佛陀安住的祇樹給孤獨園。佛陀知道波斯匿王的用意，就化現成一位乾闥王，帶領著天上的樂神七千名，手中拿著琉璃寶琴，等候他們前來。

善愛乾闥婆王到了之後，取出他特有的一弦琴，僅用一弦就能發出七種音聲，每一種聲音又有二十一解，在一旁聽的人歡樂舞戲，昏迷放逸，無法自制。

這時，佛陀化現的乾闥婆王來琉璃琴，才彈鼓一弦，竟然發出數千萬種妙音，而且其聲婉妙清徹可愛，聽聞者歌舞歡笑，喜不自勝。

善愛王聽了之後，歎未曾有，甘拜下風。佛陀看他的驕慢已經折伏，就變化回原來的形貌，在僧衆中安然而座。善愛王這才知道原來對手是佛陀所化現，嚇得心驚毛豎，對佛陀產生甚深的信敬，長跪合掌，祈求佛陀允許他出家。善愛王不久之後即證得阿羅漢果。

乾闥婆神經常住在地上的寶山之中，有時上昇至忉利天演奏天樂，他們善於彈琴，並能演奏種種奇妙的雅樂。乾闥婆是四天王天之中，東方持國天的部屬，為守護東方的護法，同時也是特別擁護觀音菩薩的二十八部衆之一。

乾闥婆長得什麼模樣呢？有很多種不同的說法，有的說他們身上長著毛，看起來像半人半獸，但也有人說其丰姿極美。在《補陀落海會軌》記載乾闥婆的形象為頂上有八角冠，身相為赤肉色，身如大牛王，左手執簫笛，右手持寶劍，具大威力相，髮髻有焰鬘冠。

傳說乾闥婆住在虛空中的城堡，所以印度人將幻現於空中的樓閣山川，稱為「乾闥婆城」，也就是一般所說的「海市蜃樓」。佛經中也常用乾闥婆城來形容諸法的如幻如化。像《大品般若經》就說：「解了諸法，如幻如焰，如水中月，如虛空，如響，如犍闥婆城，如夢，如影，如鏡中像，如化。」

密教中另外有一位乾闥婆神王，以守護兒童著稱，他的全名為「旃檀乾闥婆神王」，專門守護胎兒及孩童。傳說在胎兒誕生之時，常會有夜叉羅刹喜歡噉食或傷害胎兒，又有彌酬迦等十五個鬼神，常常遊行世間，常會驚嚇到嬰孩小兒。如果有人誦讀乾闥婆神王陀羅尼，誠心祈求，那麼鬼神就不能侵擾。因此乾闥婆神有時又被視為小孩特別的守護神。

專門守護兒童的旃壇乾闥婆神王

阿修羅——憤怒的惡神

阿修羅原來是印度最古老的惡神之一，與帝釋天率領的天神部族是死對頭。在六道輪迴中，阿修羅屬其中一道。

阿修羅（梵名asrua），又作阿素羅、阿素洛等。意譯為「非天」、「不端正」等。「非天」是說他所享受的生活和天人一樣殊勝，住所也鄰次於諸天，但卻沒有天人的德行，而是心中充滿瞋恨，所以和天人不同。「不端正」是指阿修羅的長像如同怪物一樣，非常可怖。有說其為九頭千眼，口中出火，九百九十手，六足，身形為須彌山之四倍；或說其千頭二千手、萬頭二萬手、三頭六手；或說其三面青黑色，忿怒裸形相，六臂。在《法苑珠林》卷五中，描寫毘摩質多阿修羅王的形貌為：「九頭，頭有千眼，口中出火，有九百九十九手八腳。」

修羅道同時也是六道之一。那一種生命會投生到修羅道呢？經中說，具有瞋心、驕慢心、疑心等三種強烈習性的眾生，會投生於修羅道。此外，如果將平日所行的一切善事功德，迴向投生修羅道的人，投生為阿修羅的機率也比平常人大。

在《雜譬喻經》卷四裏，就有一個故事，敘述一個窮人發願成爲阿修羅的故事。

有一個貧人，住在河邊，經常都要擔著辛苦砍來的柴，渡過河到對岸去兜售。因爲河水既深又急，窮人擔著柴渡河，每次都膽顫心驚，甚至有好幾次都被河水沖走，別說柴沒有了，連人都差點兒淹死。

當時有一位沙門到附近托鉢乞食，貧人雖窮，但是對修道人很恭敬，歡喜地布施了僅有的飯食。沙門在樹下吃完之後，忽然間將鉢一擲，朝空中飛身而去。原來這個沙門是悟道的辟支佛聖者，具有大神通。貧人看了驚訝的闔不攏嘴，他知道供養悟道的聖者有大福報，就將這個功德，很認眞地發了一個願：「願我來生身高高得不得了，再深的水都無法沒過我的膝蓋。」因此，貧人往生之後，就投生成爲阿修羅。阿修羅的身形極爲高大，連四大海那麼深的海水，都不能淹過他的膝蓋。當他站在大海中時，他的身高比須彌山還高。他的手抓著須彌山山頂，低頭還能俯視忉利天。

阿修羅依出生的方式不同，又可分成四類。在《楞嚴經》中記載，阿修羅有四種出生的方式，分別有不同的特性：

1.卵生阿修羅：這是鬼道的衆生依靠小神通而入空中，入於阿修羅的卵而出生，特性和鬼道比較相近。

2.胎生阿修羅：這是天上的天人因降德遭貶墜，投胎成爲阿修羅。他們所居住的地方，鄰近於日月。這種阿修羅從胎中出生，特性和人類比較相近。

3.濕生阿修羅：這是阿修羅道中種姓較低下者，他們白天在虛空遊蕩，晚上回到大海的水穴口棲息，這類阿修羅因濕氣而出生，特性和和畜生道的衆生較相近。

4.化生阿修羅：這是一類有大勢力的阿修羅，他們能執持世界，與梵王、帝釋天、四天王相抗衡，此種阿修羅因變化而有，特性和天道衆生較相近。

⦿阿修羅宮

阿修羅住在哪裏呢?經典中有許多相關的記載。像《起世經》卷五〈阿修羅品〉中，敘述有四大阿修羅王，住在須彌山四面的大海之下。在須彌山的東、南、西、北等大海下，分別住著碑摩質多羅阿修羅王、踴躍阿修羅王、奢婆羅阿修羅王、羅睺羅阿修羅王等四大阿修羅王。

在《長阿含經》卷二十〈世紀經阿須倫品〉則說：須彌山北大海水底，有羅呵阿須倫城（阿修羅城），縱廣八萬由旬，其城七重，以七寶成。大海水被風懸處於虛空之中，猶如浮雲，不會墮落下來。

◉阿修羅的寶貝

阿修羅的花園中有許多奇珍異草，池子裏長著巨大的香花，根部像牛車的輪軸那麼粗，汁液流出的顏色如同純白的牛奶，味道非常甘美，如同蜂蜜一般。林間有無數衆鳥相和而鳴。水池旁邊有七重階亭，都是以七寶所建成。

阿修羅有一個寶貝——「阿修羅琴」。這個琴是阿修羅衆所特別擁有的，當阿修羅想聽任何一種音樂、歌曲，不必人彈，「阿修羅琴」會自然發出令人陶醉的音樂。

在陀摩羅睺阿修羅王的首都星鬘城裏，有一個大水池，叫做「一切見池」。池中的水非常清淨、美味，不但沒有任何污泥混濁，連輕微的雜垢污染也沒有，清徹湛然，即使飲用也無有損減。最奇特的，是這個寶池能預見未來。每當陀摩睺阿修羅王要和天神鬥戰時，出征之前都會穿戴好軍裝，莊嚴器仗，圍遶池邊，再觀察池中的影像。

如果看見池中自己倉皇敗退而走，就知道這次是天神將勝，如果看見池中自身倒臥，就知道這是自己戰敗死亡的徵兆。

⊙阿修羅與天神的戰爭

阿修羅與天人向來是世仇，經常互相爭鬥，尤其是阿修羅王和帝釋天經常戰爭，常要勞動佛陀出面調停。戰爭的起因，經常和女人有關。例如，有一次，帝釋天看見毗摩質多阿修羅王的女兒，驚爲天人，便向阿修羅王提親。能有帝釋天王這樣的女婿，阿修羅王感覺很有面子，帝釋天與阿修羅就結下秦晉之好。

帝釋天對其百般寵愛，立其號爲悅意。有一天，悅意夫人發現帝釋天背著她，和其他天女在花園裏的浴池嬉戲，這下非同小可，她立即派了隨侍的夜叉鬼將回去向父親告狀。

毗摩質多阿修羅王發現女兒受到這種委屈，立即率領修羅大軍，前往攻打帝釋天。他站在大海水中，蹲踞在須彌山頂，用他的九百九十隻手，同時撼動帝釋天所居住的喜見城，並搖撼須彌山，使四大海的海水發生了大海嘯。帝釋天被這突如其來的大地震嚇得慌恐失措。

一旁有大臣提醒他專心持咒，忽然間虛空中出現了刀輪，降下來砍傷阿修羅大兵。於是阿修羅的耳朵、鼻子、手足等一時皆被刀輪割截掉，大海水也被染得血紅。阿修羅大軍生起大驚佈，只好以神通化成極小，逃入於藕絲孔中。

又有一次，則是帝釋天看到羅睺羅阿修羅王的宮中有許多女眷，比天女美麗百倍，就想佔爲己有。這當然惹得阿修羅王大怒，率領修羅大軍對抗。剛開始修羅大軍佔上風，但當帝釋天一持起咒，修羅大軍又節節敗退，又縮小藏到蓮藕洞裏去了。

帝釋天攻到修羅宮一看，只有千萬個修羅女在其中，心中大喜，帶著她們回到天宮。阿修羅王看自己不是帝釋天的對手，就採用柔性攻勢，到帝釋天宮求饒。他們知道帝釋天是虔誠的佛弟子，就對他說：「天王！原諒我們有眼不識泰山，不知道佛弟子神力巍巍。我們的祖先也是信奉如來，所以我們知道聞佛陀曾制戒，不得盜取他人之物。現在您將我的女眷們都抓回來天宮，實在非佛弟子所應該有的作為啊！」。

這一番話說得帝釋天啞口無言，知道自已錯了，就將阿修羅女眷送回去。而阿修羅王則將自己最喜愛的女兒獻給帝釋，帝釋天也很歡喜的回贈以甘露，皆大歡喜。

有時修羅和天神的戰爭則是沒什麼原因，莫名奇妙就打起來了。像在《長阿含經》中說，阿修羅王有大威力，有一天，他忽然心血來潮，想到：「這個忉利天王和及日月諸天，憑什麼在我頭頂上走來走去？」於是他氣得發誓要將日月取下來作耳環。他越想越氣，巴不得立刻將太陽月亮捶扁。立即命舍摩梨毘摩質多二阿修羅王及諸大臣，準備好要與諸天大戰。這是時難陀跋和難陀二大龍王，用巨大的龍身繞須彌山七匝，使得山動雲布，又用尾巴拍打海面，形成水大海嘯，倒灌須彌山。

忉利天的天人看到這樣的情景，知道這是修羅大軍要宣戰了。首先四大天王最先迎戰，並稟告帝釋天，帝釋又向上層的天界上報，乃至他化自在天。於是無數天

密教胎藏界曼荼羅中的阿修羅王圖像

衆及諸龍鬼前後圍繞，準備應戰。帝釋天下令：「如果我們打勝仗，就將毗摩質多阿修羅王五花大綁，送到善法堂，我要看看他的能耐。」修羅王也宣佈：「如果我軍打勝了，就將帝釋天五花大綁，送到七葉堂，我要好好看看他是何方神聖。」兩邊經常就這麼莫名奇妙的打起了來。修羅和天人之間的爭戰，歷久不衰。

金翅鳥迦樓羅——龍的天敵

迦樓羅（梵名garuda）在印度的神話中，是一種性格猛烈的大鳥，相傳這種鳥在出生時，會發出熾烈的強光，以致於許多天神將它誤認爲火神而禮拜。

在佛教裏，迦樓羅是屬於天龍八部衆之一，又稱爲「金翅鳥」，也就是「大鵬金翅鳥」。依據經典中所記載，迦樓羅的翅膀是由衆寶交織而成，所以又稱爲「金翅鳥」或「妙翅鳥」。它的翅膀有多大呢？它的兩翅一張開，有好幾千里，甚至於數百萬里那麼大。《經律異相》中甚至說，金翅鳥所搧起的風，如果直接吹到人類的雙眼，將導致失明。

迦樓羅是龍族的天敵，經常到龍宮捕龍爲食，所以龍族將被金翅鳥捕食，列爲龍族三大災害之一，經典中也常見龍族與迦樓羅的故事。

在中國的傳統小說裏，膾炙人口的《說岳全傳》，就是運用與迦樓羅有關的故事，來作該書的楔子。該書說：岳飛原來是金翅鳥王轉世，秦檜即是前生曾被金翅鳥啄傷左眼的龍王。女眞國的金兀朮，則是赤鬚龍所轉世。爲了平服這些龍王轉世所興起的劫難，所以佛陀才派金翅鳥降生人間。從這裏可以明顯看出佛教故事對中國小說的影響。

迦樓羅最大特色是以龍爲食，但像娑竭龍王、難陀龍王、跋難陀龍王、伊那婆羅龍王、提頭賴吒龍王、善見龍王等這些具有大威德的龍王，金翅鳥卻無法傷害它們，甚至連他們附近的海域也無法靠近捕食。

在《立世阿毗曇論》中還記載著，由於金翅鳥經常將龍捉到樹上食用，剩下的龍骨殘骸，如同象骨一般，滿地狼藉，而且臭氣四溢。

傳說金翅鳥吃龍的時候，有一種特別的習慣，就是由尾巴開始吞起。經典中記載著有一次，金翅鳥捉了一隻龍放在樹上，正想大快朵頤，卻怎麼也找不到龍尾在那裡。鳥王感到很納悶，決定先不吃它。

到了第二天早上，這龍說話了：「喂！金翅鳥啊！我告訴你，我是龍族中層級最高的『化生龍』，以我的威力，如果不是昨天持八關齋戒，你早就被我消滅了！」

金翅鳥聽得膽戰心驚，又聽說這條龍竟然持八關齋戒，實在不可思議，最後金翅鳥還請龍到他的王宮中，爲他和眷屬們傳授八關齋戒，希望下輩子能投生爲人。

相傳迦樓羅和龍都敬畏佛法，因此，當迦樓羅要抓龍來吃的時候，如果龍用僧人的袈裟披身，迦樓羅便不敢加以捕食。在《佛說海龍王經》中，曾有龍王向佛陀祈求護佑，希望能免除被金翅鳥噉食的恐懼。於是佛陀就脫下身上的袈裟交給龍王，並告訴他們，只要龍族的衆生身上帶著此衣，即使只有一縷絲線，以佛陀廣大威神力的緣故，金翅鳥也不敢侵害他們。《增一阿含經》〈等趣四諦品〉中，佛陀也說，如果是經常親近事奉佛陀的龍王，金翅鳥就不能傷害他們。

除了一般的金翅鳥之外，在八十卷《華嚴經》中，更列舉有大速力迦樓羅王、無能壞寶髻迦樓羅王、清淨速疾迦樓羅王、心不退轉迦樓羅王等諸迦樓羅王的尊名，這些金翅鳥王都是已經具足成就大方便力，善能救度攝受一切衆生。《法華經》裏也舉出有大威德、大身、大滿及如意四大迦樓羅王，各與其百千眷屬，一同來參加佛陀宣講《法華經》的法會。

由於迦樓羅的性格勇猛，它的肉身死亡後，心臟即使經猛火焚燒許久，也毫無損壞，因此在密法中以迦樓羅的心象徵勇健菩提心。

手中捉龍的金翅鳥迦樓羅

在密法中有以迦樓羅爲本尊的各種修法，主要是去除疾病、止息風雨、躲避惡雷而修的秘法，稱之爲「迦樓羅法」或「迦樓羅大法」。

在《迦樓羅及諸天密言經》記載，凡是修持此法門者，天上天下皆能過，不只衆人冤敵不敢接近，連鬼神也不敢近。又根據《覺禪鈔》迦樓羅的法軌記載，修此法可求得財寶，降下雨雪、召請龍王來、去除蛇難、破散軍陣、降伏怨家，能獲人敬愛、去除病患，召喚遠處之人、召請魚類等種種殊勝功德。

迦樓羅的形像有很多種，像印度山琦大塔遺蹟中之迦樓羅，只是單純的鳥形，但流傳於後世的形像則大多爲頭翼爪嘴如鷲，身體及四肢如人類，面白翼赤，身體金色。

緊那羅——天上的歌神

緊那羅和乾闥婆是相近的族類，他們對音樂都有特別的專長，有美妙的歌喉，又擅舞蹈，因此經常在天神的宴會中擔任歌舞演出。

緊那羅（梵名Kiṃnara）的意思是「人非人」、「疑神」，這是由於他們的外表和人類極為相似，但是頭上卻長了角，看起來像人又不是人，像天又不是天，令人疑惑不定，因而有此名。

此外，緊那羅也譯作「歌神」、「樂神」，這是因為諸天在舉行法會時，經常由緊那羅擔任音樂演奏。傳說男性緊那羅是馬首人身，善於歌唱，而女性則面貌端正秀麗，能作妙舞，經常嫁給乾闥婆為妻室。

在許多大乘經典中，我們常可看見緊那羅衆，常列席於佛陀的說法會中，以歌伎舞樂來供養讚歎佛陀。像八十卷《華嚴經》中，就有善慧光明天緊那羅王、妙華幢緊那羅王、種種莊嚴緊那羅王、悅意吼聲緊那羅王等，帶領無量緊那羅衆一同前來參與華嚴法會。他們各自證得一種解脫法門，皆勤精進，觀一切法，心恆快樂，自在遊戲。

在《大樹緊那羅王所問經》卷一中，則記載著大樹緊那羅王與無量的緊那羅、乾闥婆、諸天、摩羅伽等，一起從香山來朝禮佛陀，它們在如來前彈著琉璃琴，美妙的琴音傳遍了三千大千世界，而欲界諸天的音樂也都隱蔽不現，那些天神們聽到了這個琴聲，都停止演奏手邊的音樂，被吸引到佛陀這裏來。

三千大千世界所有叢林、諸山，及各種藥草、樹木、叢林都情不自禁地舞動著，就像喝醉一樣，身子無法控制地舞動著。

這時，在佛陀身邊的弟子們，除了證得不退轉位的菩薩之外，其餘的弟子聽到這個琴聲及樂音，都情不自禁地從座位上起舞，連向來嚴肅、注重戒律威儀的大迦葉等聲聞弟子，聽到這個琴音樂音，也都不能自制的從座位上站起來，一改平常的嚴肅形象，手足舞蹈，就像小孩子一般舞動，不能自已。

大衆有有一位天冠菩薩覺得很奇怪，就問大迦葉尊者：「您一向修行頭陀行，常樂於空寂，怎麼會不能自制地跳起舞來了呢？」

大迦葉嘆了一口氣，回答他：「這就像是強烈的旋風吹動著樹木、藥草、叢

歌神緊那羅

林，它們怎能抵擋得住呢？並不是它們心裏樂於這樣，只是被風鼓動，不能自持。善男子啊！現在這位大樹緊那羅王鼓作琴樂，妙歌和順，諸簫笛音鼓動我心，就好像旋風吹諸樹身，令人不能自持。」

大樹緊那羅王更配合琴聲，宣說一切音聲都是從虛空所出生，更說空、無相、無願三解脫門與無生法忍等甚深法義。

在密教現圖胎藏曼荼羅中，緊那羅位於外金剛部院北方，俱呈肉色，一於膝上安置橫鼓，另一於膝前安置二豎鼓，皆作欲擊鼓之勢。

《法華曼荼羅威儀形色法經》則描述，妙法緊那羅王像爲鹿馬頭面，身相赤肉色，執持音聲器，又身裸形相。

摩睺羅伽——巨大的蟒神

摩睺羅伽（梵名Mahoraga），是指摩睺羅伽是無足，以腹部行走的大蟒神，譯爲「大腹行」、「大蟒神」，相傳其爲樂神之類的生物，外形爲蛇首人身。也有說其是世間廟神，受人類祭拜的酒肉供品。

據說有毀壞戒律，邪見諂曲，平時多嗔恚而少佈施，貪嗜酒肉者，就容易墮入此身。

伽藍護法關公當初也曾現爲巨蟒，最後被智者大師所降伏。在《佛祖統紀》中記載：

唐代的智者大師剛到荊州時，希望尋找適合的地點建立寺院。他到附近堪察地勢時，剛好看到一棵中空的大樹，樹洞剛好足夠一個人容身，於是就在其中盤坐入定。

到了晚上，忽然間天地變色，風雨怒號，有一條長達十餘丈的巨蟒，對著樹洞內張開血盆大口，各種弓矢等武器也如雨般落下。但是智者大師安然不動，仍然繼續安然坐禪。如此經過了七天。

智者大師悲愍這些妖怪，就對它們說道：「你們現在這樣繼續造下生死衆業，貪著以往累積的一點小福報而不知懺悔。」

他的話似乎說著了蟒怪的心事，剎那間各種妖異的現象一時俱滅。當天晚上雲開月明，有兩位美髯長者，來到樹洞前，向智者大師致意。其中一位就是關公。因爲他死時壯志未酬，因此盤據此地而未離去。他知道智者大師是一位大修行者，於是就率領鬼將，在短短七天之內，建成一座巧奪天工的道場，供養智者大師。後來智者大師領僧衆入居，晝夜演說妙法。而關公也皈依了大師，誓願成爲伽藍佛寺的守護者，而被稱爲「伽藍護法」。

在《衆經撰雜譬喻經》卷二中，則有一個關於蟒怪的傳說。

佛陀住世時，有一天舍衛國的天空降下血雨，國人大爲驚恐，國王與大臣請了各界的相師來占卜吉凶，推測這國內誕生了「人蟒」這種毒害的怪物，才會有此異象。

爲了找出人蟒，國王命令國人將當天出生的嬰兒都抱到王宮內，讓每個嬰兒輪流將唾液流到空盆子裏。有一個嬰兒，當它的唾液流到盆子裏的時候，竟然發出了大火焰，他們於是斷定這個孩子正是妖怪人蟒。爲了怕危害人民，國王將他流放在無人之地，如果國內有死刑犯，就送到人蟒那兒，人蟒就會吐出毒氣毒死犯人。如此幾年下來，被人蟒毒死的人有七萬多人。

有一次，有一頭獅子出沒，國內無有能降伏者，也是派人蟒去吹出毒氣，將其殺死，可見其毒氣之可怕。

人蟒老了之後，漸漸病了，不久即將命終。佛陀悲愍其殺生的罪業深重，將來恐怕會墮入三惡道，無有出期，於是就派舍利弗前去度化他。

舍利弗於是以神足通出現在人蟒面前，人蟒本能性的防衛，朝舍利弗噴出毒氣，但由於舍利弗安住於慈心三昧，不但毫髮無傷，而且放出無比光明。人蟒本來更加生氣，再一次吐出毒氣，沒想到連試三次，舍利弗還是安然無恙。

人蟒非常驚訝，被舍利弗慈心的光明所籠罩，這種溫暖的感覺，是打從一出生就被流放孤獨的他，前所未有的經驗。他的一生，就是憤怒地噴出毒火，結束其他人的生命。

人蟒很感動，他知道自己遇到了聖者。雖然病重的他無法起身，但他慈和歡喜地注視著舍利弗，從頭到腳，從腳到頭，如此七次，最後溘然而逝。

人蟒死去的那天，舍衛國發生了大地震。國王就到佛陀那兒，請問佛陀人蟒死後會投生到何處？

佛陀回答他：「因為臨死前他以慈心注視舍利弗的功德，死後將投生於天上，七世之後，天福享盡，將證得辟支佛，最後入於涅槃。」

國王很驚訝的說：「難道他之前殺了七萬多人的罪業就不必償還了嗎？」

「會的。當他成證僻支佛之後，他的身體會如同紫磨金那樣莊嚴。當他在路旁的樹下靜坐入定時，有大軍七萬多人經過，看見他在樹下靜坐，以為是一尊金人，就爭相以刀子割截其身，搶到手中一看，才發現原來不是黃金而是塊肉，又把它丟在路邊，棄置而去。而那位僻支佛也因此而入於涅槃。」佛陀回答。

這是人蟒的故事。

在佛典中常見其與其他天、龍八部眾等一起參與佛陀法會，守護佛法。例如，在新譯《華嚴經》卷一〈世主妙嚴品〉中，曾舉出：「復有無量摩睺羅伽王，所

密教圖像中的摩羅睺伽

謂：善慧摩睺羅伽王、清淨威音摩睺羅伽王、勝慧莊嚴髻摩睺羅伽王……，如是等而爲上首，其數無量。皆勤修習廣大方便，令諸眾生永割癡網。」

經中並提到這些摩睺羅伽王，各以一切神通方便令眾生集功德解脫門、得使一切眾生除煩惱得清涼悅樂等種種解脫門來使眾生入於解脫。

在密教的圖像中，現圖胎藏界曼荼羅中，北邊安有三尊摩睺羅伽。其中央一尊，兩手屈臂，作拳執握天衣飄帶舒頭指當胸，豎左膝而坐；左方一尊，戴蛇冠，坐向右；右方一尊，兩手吹笛，面向左。

全佛文化藝術經典系列

大寶伏藏【灌頂法像全集】

蓮師親傳•法藏瑰寶，世界文化寶藏•首度發行！
德格印經院珍藏經版•限量典藏！

本套《大寶伏藏—灌頂法像全集》經由德格印經院的正式授權全球首度公開發行。而《大寶伏藏—灌頂法像全集》之圖版，取自德格印經院珍藏的木雕版所印製。此刻版是由西藏知名的奇畫師—通拉澤旺大師所指導繪製的，不但雕工精緻細膩，法像莊嚴有力，更包含伏藏教法本自具有的傳承深意。

《大寶伏藏—灌頂法像全集》共計一百冊，採用高級義大利進美術紙印製，手工經摺本、精緻裝幀，全套內含：

•三千多幅灌頂法照圖像內容　•各部灌頂系列法照中文譯名

附贈　•精緻手工打造之典藏匣函。

•編碼的「典藏證書」一份與精裝「別冊」一本。

（別冊內容：介紹大寶伏藏的歷史源流、德格印經院歷史、《大寶伏藏—灌頂法像全集》簡介及其目錄。）

全佛文化白話佛經系列

如是我聞

白話華嚴經　全套八冊

國際禪學大師　洪啟嵩語譯　定價NT$5440

八十華嚴史上首部完整現代語譯！

導讀 + 白話語譯 + 註譯 + 原經文

《華嚴經》為大乘佛教經典五大部之一，為毘盧遮那如來於菩提道場始成正覺時，所宣說之廣大圓滿、無盡無礙的內證法門，十方廣大無邊，三世流通不盡，現前了知華嚴正見，即墮入佛數，初發心即成正覺，恭敬奉持、讀誦、供養，功德廣大不可思議！本書是描寫富麗莊嚴的成佛境界，是諸佛最圓滿的展現，也是每一個生命的覺性奮鬥史。內含白話、注釋及原經文，兼具文言之韻味與通暢清晰之白話，引領您深入諸佛智慧大海！

全佛文化有聲書系列

經典修鍊的12堂課（全套12輯）

地球禪者 洪啟嵩老師 主講　全套定價NT$3,700

〈 經典修鍊的十二堂課—觀自在人生的十二把金鑰 〉有聲書由地球禪者洪啟嵩老師，親自講授《心經》、《圓覺經》、《維摩詰經》、《觀無量壽經》、《藥師經》、《金剛經》、《楞嚴經》、《法華經》、《華嚴經》、《大日經》、《地藏經》、《六祖壇經》等十二部佛法心要經典，在智慧妙語提綱挈領中，接引讀者進入般若經典的殿堂，深入經典密意，開啟圓滿自在的人生。

01. 心經的修鍊　**2CD/NT$250**
02. 圓覺經的修鍊　**3CD/NT$350**
03. 維摩詰經的修鍊　**3CD/NT$350**
04. 觀無量壽經的修鍊　**2CD/NT$250**
05. 藥師經的修鍊　**2CD/NT$250**
06. 金剛經的修鍊　**3CD/NT$350**
07. 楞嚴經的修鍊　**3CD/NT$350**
08. 法華經的修鍊　**2CD/NT$250**
09. 華嚴經的修鍊　**2CD/NT$250**
10. 大日經的修鍊　**3CD/NT$350**
11. 地藏經的修鍊　**3CD/NT$350**
12. 六祖壇經的修鍊　**3CD/NT$350**

佛教小百科44

《佛教的精靈鬼怪》

主　　編　洪啟嵩
執行編輯　彭婉甄
出　　版　全佛文化事業有限公司
訂購專線：(02)2913-2199
傳真專線：(02)2913-3693
發行專線：(02)2219-0898
匯款帳號：3199717004240 合作金庫銀行大坪林分行
戶　　名：全佛文化事業有限公司
E-mail:buddhall@ms7.hinet.net
http://www.buddhall.com

門　　市　心學堂・新北市新店區民權路108之3號10樓
門市專線：(02)2219-8189

行銷代理　紅螞蟻圖書有限公司
台北市內湖區舊宗路二段121巷19號（紅螞蟻資訊大樓）
電話：(02)2795-3656
傳真：(02)2795-4100

初　　版　二〇〇六年十一月
初版二刷　二〇一九年十二月
定　　價　新台幣二八〇元
ISBN 978-986-6936-03-6（平裝）

版權所有・請勿翻印

國家圖書館出版品預行編目資料

佛教的精靈鬼怪／洪啟嵩 主編
-- 初版.--新北市：全佛文化, 2006[民95]
面；　公分. -(佛教小百科；44)

ISBN 978-986-6936-03-6(平裝)

1.鬼　2.冥界
215.6　　　　95020750

Buddhall

All Rights Reserved. Printed in Taiwan.
Published by BuddhAll Cultural Enterprise Co.,Ltd.

BuddhAll

BuddhAll.

All is Buddha.

BuddhAll